▲ 作者刘志则导师与白杨导师合影

▲ 刘志则导师在授课

▲ 刘志则导师在授课

▲ 刘志则导师在授课

▲ 白杨导师在授课

▲ 白杨导师在课堂上

▲ 白杨导师在授课

时间管理

刘志则　白杨◎著

高效能时间管理从入门到精通，成为时间管理高手

从时间消耗者跃升时间管理者，击败99%的竞争者

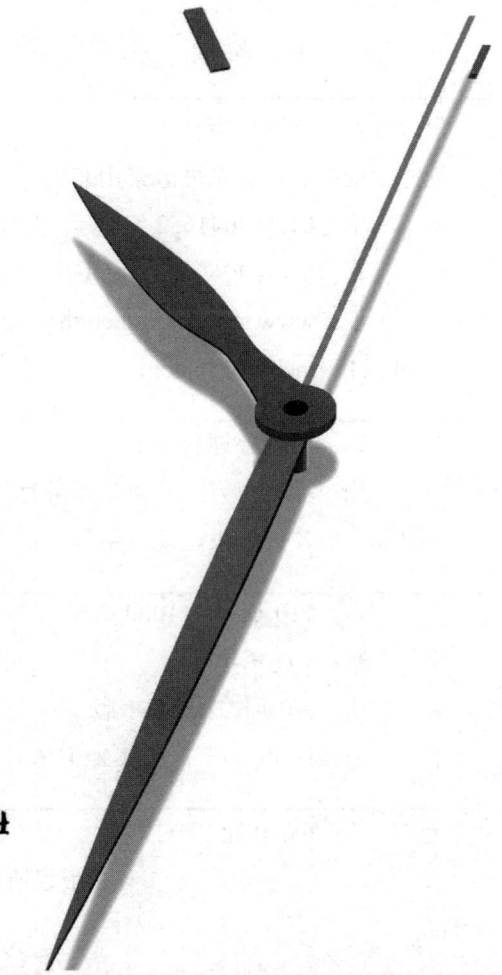

台海出版社

图书在版编目（ＣＩＰ）数据

时间管理 / 刘志则，白杨著. -- 北京：台海出版社，2019.1（2022.12 重印）
    ISBN 978-7-5168-2203-6

    Ⅰ．①时⋯ Ⅱ．①刘⋯ ②白⋯ Ⅲ．①时间－管理
Ⅳ．① C935

    中国版本图书馆 CIP 数据核字（2019）第 001848 号

时间管理

著　　者：刘志则　白　杨

出 版 人：蔡　旭　　　　　　　　　　　封面设计：张合涛
责任编辑：王　艳

出版发行：台海出版社

地　　址：北京市东城区景山东街 20 号　　邮政编码：100009
电　　话：010-64041652（发行，邮购）
传　　真：010-84045799（总编室）
网　　址：www.taimeng.org.cn/thcbs/default.htm
Ｅ-ｍａｉｌ：thcbs@126.com

经　　销：全国各地新华书店
印　　刷：环球东方（北京）印务有限公司
本书如有破损、缺页、装订错误，请与本社联系调换

开　　本：710 毫米 ×1000 毫米　　　　　1/16
字　　数：194 千字　　　　　　　印　　张：17
版　　次：2019 年 2 月第 1 版　　　　印　　次：2022 年 12 月第 4 次印刷
书　　号：ISBN 978-7-5168-2203-6

定　　价：68.00 元

序 一

PREFACE

我一直都觉得，人与人之间最大的区别来源于脖子以上的部位，即脑袋里的思想。因为思想决定行为，行为决定结果。我是一个实干型的人，做事情很注重目标和结果，是一个实干家，做事情也是争分夺秒的，很早之前我就很注重时间的管理和规划，也正因如此，我才有了如今做得还不错的事业。

现在生活节奏特别快，很多人应该都有时间不够用的想法，我觉得科学地管理时间很有必要，很多人也都应该学习一下科学的时间管理方法。为此，我也有在讲"时间管理"的课程，也经常和刘志则老师同台演讲，不断地到全国各城市、各高校、妇联等去分享"时间管理"的课程，就是希望给需要的人一些帮助，让他们会规划时间、使用时间，少走弯路，尽早实现自己人生的目标和理想，避免浪费不必要的时间。说到这里，我不禁想起了 2005 ~ 2007 年这三年时间里我对时间的疯狂利用。

印象最深的就是有一次外出讲课，我连续十几天都住在火车上。那时候还没有动车，我白天疯狂演讲，晚上就睡在绿皮火车上，在不同城市间穿梭忙碌，因为讲课站了一天太累，在动荡的车厢里我竟然也能睡得着。那时的我穿着高跟鞋、拉着大行李箱，从外表上看是一个意气风发、美丽优雅的女性，可谁也不知道我的大行李箱里是十几袋的脏衣服！那时就是为了赶时间和节省时间，我才选择了住在火车上而不是酒店里。课程结束我去了一位朋友家休息，到的第一时间就是把自己关进卫生间洗澡、洗脏衣服，朋友说我："一个女人，干吗把自己搞得这样忙、这样累！"是啊，我也是一个女人啊！对于时间和目标的认知让我选择了像男人一样去奋斗。

　　好在"有付出就有收获"，我也觉得一切的付出都是值得的。人生在世，总有一些事情想要去做、需要去完成，而这些都需要时间。如果我们能做好时间的管理和规划，让自己在有限的人生中能做出更多更好的事情，发挥出自己更多的价值，让人生更有意义，我觉得就很好，这也是我选择做一名讲师的其中一方面的原因吧。

白 杨

2018 年 11 月 8 日

时间简史

时间是在不断流逝的,也是在不断发展的,你利用好自己的时间了吗?

我们常常说"时间是海绵里的水,挤一挤总会有的",我们也知道管理好时间对一个人很重要。如果你能利用好自己的时间,就会发现你的一天其实比想象中要长得多,也可以变得充实得多。这也是时间管理的意义和奥妙所在,也许现在的你还没有成为一个真正的领导者,但你可以从学会管理自己的时间入手,相信你一定可以很快在事业、人生上迈上更高的台阶。

至少我所知道的每一位出色的管理者、领导人，都具备有效的时间管理能力，正是因为他们可以合理管理自己的时间，才能在有限的时间里做出别人几倍的工作量，通过效率来提升自己的能力和表现，最终成为领导者。所以，学会时间管理，对一个在事业上有追求、生活中有积极想法的人来说，是非常重要的。

时间管理的法则随时在变化，以下这段"时间简史"所透露出的，就是人们在时间管理意识上的演进和变化。

第一代的时间管理研究者认为，一个人要管理好自己的时间，应该重点利用起备忘录、便利贴这些辅助的物品，在忙碌当中很好地规划和调配自己的时间，做到井然有序。

第二代时间管理法则则有了一定变化，人们发现日历、月历以及日程表是很重要的，我们从日程表中看到自己一天的工作，从一开始工作时就变得有目的性、有效率意识和紧迫感。而月历等计划的设定，让我们开始学会规划未来，这种观念是更加长远的。

第三代的时间管理法则就揭露了更加深层次的东西——什么事才是我们应该去花时间的？当然是那些重要的、紧迫的事情，所以同时要完成的事项其实也分为三六九等，根据轻重缓急去安排，成了我们设定目标时的第一原则。一个人的时间和精力是有限的，只有安排好、分配得当，才能在有限的时间获得最高效的结果。

如今，已经是第四代的时间管理概念。在这个概念中，"时间管理"原则其实并不被强调，与其说是管理你的时间，不如说是管理你自己，将时间和自身的发展融合在一起。我们关注的不是时间花费的多少，而是在花费的时间中，你到底做出了怎样的结果。

只有始终追随着最新的观念，并找出最适合自己的管理方法，我们才能在一个舒适的区域内将自己的时间安排好，让自己始终保持着高效。事实上，每一代的时间管理概念都有可取之处，所以在本书中，我将给大家介绍那些最适合的时间管理方法，并将"时间管理"的科学概念和理论，以尽可能生动的方式展现给读者们。希望大家能够从中学到东西，并且真正受益。

　　那就是作为作者的人最大的幸运了。

刘志则

2018 年 11 月 15 日

目 录
CONTENTS

第二辑 // 学会时间管理，能带给你意想不到的价值

第四辑　// 时间是弯曲的，每点都有无限的可能

第一辑

无限的时间，也拥有着自己的特色

我们常说，时间是无限的，也是不变的。时间的流速永远稳定，是世界上最为公平的度量标准。一个人也许可以有钱、有权，但一定买不来更多的时间。时间面前，人人平等。

　　但是，无限的时间也隐藏着自己的特色和原理，如果你能抓住那些隐藏的小技巧，会发现时间虽然还是那么多，但巧妙利用可以让你的时间变相增长。时间的特色就是如此，虽然它客观上是永远稳定的，但是你利用时间的方式决定了时间在你身上的流速。

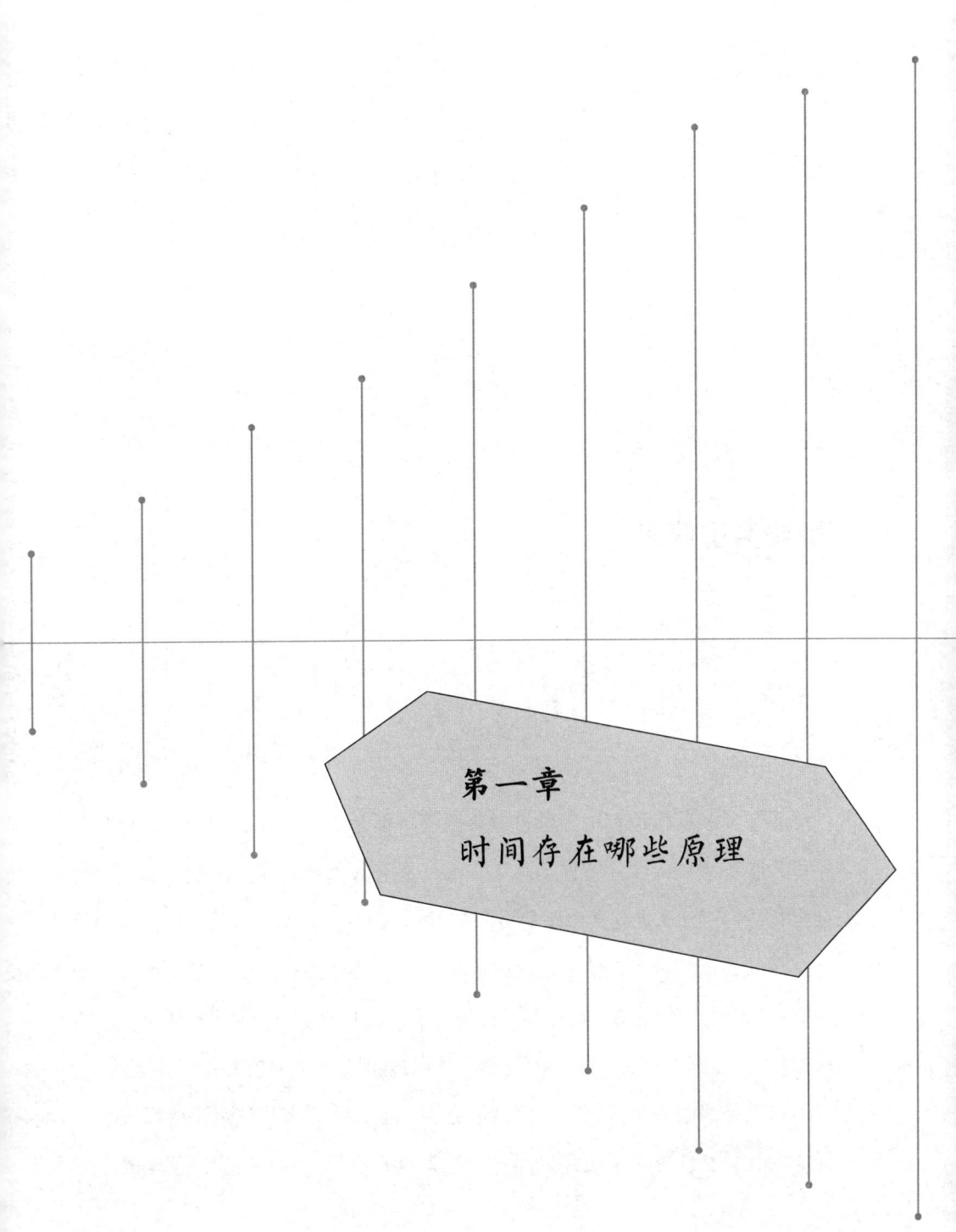

第一章

时间存在哪些原理

§ 服务生效应

心理学家蔡格尼克曾经做过一个很简单但是十分有趣的调查：在餐厅里，服务生一天要接待许多客人，每一桌客人需要的餐点他们都能记住吗？他们对什么人的菜单印象更深刻呢？

经过大量的调查，他发现，服务生对于那些还没有把菜上全的菜单印象更加深刻。如果这一桌的菜已经上全了，在服务生的脑海里就像有一块橡皮，将这些"完成"的订单都擦掉，他们就很难想起对方点了些什么。

这就是"服务生效应"。蔡格尼克告诉世人，原来我们对那些尚未完成的计划和任务印象更深，而对已经完成的事却很容易遗忘。这是因为我们天生就有一股"动力"去完成那些还没完成的目标，但是一旦完成了，这种动力就得到了满足，所以我们会迅速忘掉。而如果这件事突然中断、没有做完，给自己留下的印象将是最深刻的。

这也许也揭示了，为什么那些没有走到最后的感情总是很深，因为我们对遗憾总是念念不忘。

大多数人都具备这样与生俱来的积极性，让我们想将手中的事情完成——每次完成的时候，你都会获得满足感和成就感，这就是这一欲望的体现。有些人特别追求这种感觉，所以要做的事情只要还没做完，就一直牵肠挂肚，总觉得心里沉甸甸地好像有什么负担，而一旦做完了，他们就再也不愿意去回顾和回想这件事，甚至经常想不起来自己做了什么。

这就容易让一个人的工作陷入两个极端中：要么总是强迫自己，做什么事都要一次做完，做不完就加班加点，投入大量精力，甚至将其他事情都推掉、抛之脑后，只为了完成眼前的事；要么就毫无动力，什么事都喜欢拖延，而且每件事都做不完、做不到最后，半途而废是最常见的情况。

这两个极端意味着，前者有着过高的驱动力，让他将完成眼前的事当成了执念；后者则对"完成一件事"的追求很少、驱动力很低，所以才无法有始有终。

正确的时间管理法则告诉我们：这两个极端都不能走。

"服务生效应"已经明确揭示了，当一件事很容易、很快被完成的时候，你就很难记住它，所以对于重要的事情，应该按部就班地进行，高效率、认真当然是必需的，但尽量不要一次性毫无中断地去做，这样很容易导致做完之后，你对它的印象变得很浅淡。

最好的办法，就是在做到一半时突然中止，以其他事项打断它一下。

你可以休息，可以吃饭，可以散散步，或者做一点儿别的事情，然后再重新回到工作中，这样对工作的记忆反而会更深刻。

同样，我们也不能将一件事拖拉到最后也不愿完成。一旦养成了这个习惯，我们的底线就会越来越低，对于完成一件事的动力就会越来越少，也很难从"做完某事"上获得成就感。当失去了这种动力，以后就很难管理好时间，也不容易培养好的工作习惯。

对于这一"服务生效应"，我们可以通过几个时间管理方法来轻松化解，帮助自己在同样的时间下，让工作的记忆更深刻、生活的安排更合理。

1. 不做半途而废的人

首先，"服务生效应"并非鼓励你真正做一个半途而废的人。做不完的遗憾也许会让你记忆深刻，但对于一个人的工作和生活并没有什么积极影响，你可以短时间中断自己的工作以加深记忆，但一定要记得在最终将它做完。不要把每件事做一点就丢下了，这可不是一个好的习惯，更不是管理时间应该有的态度。

2. 做一个不会立刻把所有工作做完的人

有些人总喜欢将精力集中之后，就不停地工作，只关注一件事地去工作。也许短期来看是一种专注，但长期来看并非好事。

首先，我们每个人的精力都是有限的，长期投入在一件重要的事上，其实没法将其做好，因为人总有精力分散的时候，我们应该张弛有度，这样效果可能会更好。其次，我们的生活是多维度的，一个总爱专注在一件事上的人，很容易因为突如其来的任务而打乱自己的生活与工作习惯，做什么都兵荒马乱，无计划和节奏。

如果你的工作需要一上午才能做完，但你只能专注工作一个小时，好的办法是每隔一小时就休息一下，放松自己的精神，去锻炼、去喝茶、去休息一会儿，然后继续进行，这样可以保障精力充裕，而且适当的中断还有助于加深记忆。相反，专注忙碌一上午，效率反而不会很高。

学会不要立刻把所有工作做完，加深生活的广度，让自己更有规律、更有节奏而不是紧张狭隘地工作。

3.用时间表来规划自己的安排

用时间表来安排你的工作，可以让你的时间得到更加有效的管理。写下来的时间表，能让我们产生时间意识，知道自己要在什么时间以前做好一件事。这样也有助于我们加深对工作的记忆，而且以更好的节奏去工作，避免因为拖延而导致工作难以完成，也避免了出现驱动力过强将所有时间放在一件事上的情况。

4.懂得"断舍离"，不重要的工作可以放弃

正因为我们总是对未完成的工作念念不忘，才会在发现工作不重要、无意义的时候，也强迫自己去完成。

比如去旅游，发现不如预期，想的是"来都来了"；买了不太喜欢的衣服，不想穿，想的是"买都买了"……因为做了一半，所以觉得还是做完比较好，哪怕这件事毫无意义。

这其实是一种对时间的浪费。既然发现了无意义，知道了自己在浪费时间和精力，就一定要果断终止，哪怕你已经花费了一些精力在里面。也许未完成这件事会让你遗憾，但是也比浪费更多精力和时间要好。

不做半途而废的人，也不做驱动力太强的人，做一个有行动力、有计划、有节奏的工作者，时间安排会更好。

§ 时间"四象限"矩阵

在时间管理的发展过程中，我们逐渐意识到时间和所需要做的事务联系起来之后，可以按照"轻重缓急"的原则将其划分。这就是天然存在的一个时间矩阵，如果你能找到自己的"四象限"矩阵，就知道该怎么管理时间会更加高效。

时间的"四象限"矩阵，在时间管理中能够起到很好的指导和规划作用，帮助我们在日常计划中，有条理地将事情分出轻重缓急，让我们的工作变得更加高效。简言之，通过"四象限"的时间管理法则，可以帮助你更好地做好自己的计划，筛选出重要的工作，并让自己的精力都放在重点事项上，这就是一种高效的时间管理模式。

很多人常常跟我抱怨说："明明他们并没有偷懒，但是时间就在莫名其妙的情况下流逝了，结果是花费了大量的时间，也很难完成自己想做的事情，还显得时间很不够用，还导致他们大多数时间都处于一种忙碌，但是瞎忙的状态。"

其实，这归根结底是一种对时间管理的认知缺乏，在生活中我们也总会遇到这样或那样需要自己办的琐碎事情，如果不会对这些事情进行安排，不知道应该先做哪一件、事后做哪一件的话，我们就很容易在无所谓的事情上付出自己的大量精力和时间。因为杂乱无章的各项琐事，导致自己珍贵的时间被消耗了，从而进入到一种看似忙碌但做不出成果的状态中，这样导致的结果也非常简单，就是你的忙碌始终是在瞎忙，甚至越忙你的工作就越低效。

想要做到高效的时间管理，首先应该要对自己手头的工作进行一定的划分，知道应该将自己的主要精力放在哪些事情上，知道应该先做什么。通过对事项进行等级安排，我们就能将最主要的精力和最优先的级别放在最紧急最重要的事情上，这样才能保证自己的时间被最高效率地利用起来。

对生活中要处理的事务进行轻重缓急的排序，这就是一种天然存在的时间"四象限"矩阵，我们的工作就是找出它并加以实施。通过使用这种方法，你可以在做计划的时候，将自己的活动分类为这四个象限中的其中一个：

时间四象限法则

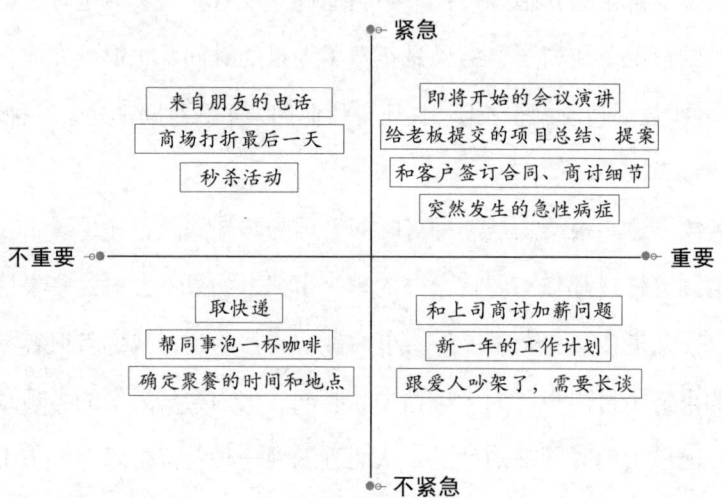

在上图所提供的这个"四象限"法则中，你可以看出它是建立在一个简单的坐标轴上的，其中横轴代表的是重要程度，越往右边就代表事务越重要，需要我们花费更多的精力和时间去对待，而纵轴则代表了它的紧急程度，越往上事务就越紧急，需要我们快点着手去做。

通过这两个轴，你杂乱无章的日常计划就被分成了四个象限，而不同的象限中，记录的事务代表着不同的意义。以前我们在管理时间的时候，习惯于进行日程规划，或者写计划表，现在有了"四象限"法则我们就可以将自己的日程计划填到这些象限中，在一开始做规划的时候，就考虑到紧急和重要的程度。"四象限"法则，简单且清楚明了地帮助我们筛选了哪些工作是最重要的，让我们明白哪些工作应该抓紧去做，而哪些工作可以放一放甚至交付给别人。

这种记录日程方式，对我们管理时间和规划自己的工作来讲，有着更加科学的作用，所以我们常说"四象限"法则是更先进的时间管理法的一部分。

通过这个列表，你会明白自己首先要执行的任务是什么——紧急又重要的工作。这些工作被放在了第一象限，这意味着你必须要立刻着手去做，而且要认真地去做，这些工作对你而言是不容忽视的。

除了将我们当前的大多数时间放在第一象限的工作上之外，我们还需要在解决完紧急又重要的工作后，去着手处理不紧急但同样重要的工作，第四象限的工作就是不紧急但重要的。举个简单的例子，当你和爱人吵架了，你想要跟他进行一番深切的恳谈时就应该意识到，这是一个不那么紧急，但非常重要的事情，当你忙碌的时候，可以暂时将这件事放一放，但你务必要将它写在日程中，并且认真妥当地考虑。对待重要但不紧急的事务，我们要耗费的精力其实是一样多的，甚至更多，只是在时间上可以有更宽松的安排，不必立刻就去做。

对待第三象限不重要又不紧急的事情时，你应该做的就是尽可能地将它们消除，或者交给别人去做。大多数人总是在毫无缘由地忙碌，就是将自己的大量时间放在了这些不重要又不紧急的事情上，导致自己精力浪费。

曾经有一个人说，如果我是比尔·盖茨，就算我的钢笔掉到了地上，我也不会弯腰去捡。因为很简单在我弯腰捡钢笔时，所耗费的时间就相当于我损失了一千美元。

一个成功者的时间是非常宝贵的，所以越是成功的人，就越会对自己的时间进行管理，他们懂得将所有的时间与精力用在刀刃上，而把那些不重要的事情交付给别人去做。这就是为什么有些工作明明可以自己完成，而那些 CEO 和经理们却还是要选择交给秘书——很简单，对他们来说，秘书能做的工作就是琐碎而不重要的，那些事情不应该占据他们太多的时间和精力。

所以想要成为一个高效的成功人士，首先你就要学会，将不重要也不紧急的事情，从自己的生命当中排除出去。

除此之外，那些第二象限的紧急但不重要的事情，一样也需要你学会"断舍离"。当你急着赶一个报告的时候，如果你的朋友打来电话，跟你倾诉家长里短，这就是一个需要立刻做但是又不重要的电话，你就应该进行取舍，决定是否要跟朋友现在进行交谈。有些时候你当前的工作就是这么着急，你的时间就是这么宝贵，所以你就不可以将它浪费在这样的事情上。

"四象限"法则就是将本来就存在于我们生活中的那些事务，以"四象限"的方式重新排列组合。这样一来，你看待它们的角度就发生了变化，就知道从紧急或重要程度上讲，你是否应该去做这些事。这可以很好地帮助我们进行时间管理，让我们的时间被更高效地利用起来。

§ 利特尔法则

利特尔法则也是一个与时间管理有关的概念，最早是由麻省理工商学院的教授利特尔所提出的。教授发现了一个简单的商业概念，当我们在生产货物的时候，产能就等于存货的数量除以生产节拍，其中生产节拍就相当于客户需求一件产品必须等待的时间。

在商场上，效率等于一切，时间就是金钱，时间管理对于商人来说也是十分重要的。比如在交易活动当中，如果能够有效地缩短生产周期，就意味着获取同样的利润，可以花费更少的时间，这就是一种非常好的提升效率的办法。所以大多数工厂都在追求如何缩短生产周期。利特尔法则的存在，就简单明了地指明了方向，告诉了我们该如何提升生产效率。

提升生产效率、缩短生产周期，可以从提高产能的角度入手，在存货一定的情况下，只要降低生产节拍，就可以提高产能。但是生产节拍再降，也要有一个限度，产能的提升是不可能无穷的，而且一旦生产能力超过了市场的需求，就容易出现产能过剩的问题，生产的商品无处售卖，反而打破了价值和价格的规律，更容易导致亏本。而当产能一定的时候，如果想要缩短生产周期，一个简单的办法就是减少存货数量，这样也可以降低生产节拍。

这也是为什么很多公司不会接过大的订单的原因，因为在一定的生产能力和市场需求之下，这些公司在生产周期之内可以产出的产品数量是有一定上限的，所以超出自身能力的订单它们就不会再接。

这个简单的公式也揭示了很多市场上的商业规律，给一些公司提供了未来发展的前景指引，对于企业的工作时间安排也有很好的指导，所以我们认为是一个揭示时间规律的法则。

进入互联网时代，利特尔法则依然有着非常大的影响力。对于大多数商家来说，它们都这样诠释这一法则——当系统稳定的时候，在长期内观察到的平均客户数量可以看作是 L，而这一数目等于长期观察到的平均到达速率 λ 乘以每个客户在这一系统内花费的时间 W。

这一公式告诉我们，当我们想要提升平均的客户数量时，要么就加大引流能力，吸引更多的客户前来，增加平均到达速率，要么就提升我们的产品吸引力，保障客户来了之后会花费更多的时间浏览和停留，这就增加了平均花费时间。

这一法则曾经改变了许多公司的战略模式。比如谷歌，在发展过程中，一定也受到过利特尔法则的指引。

谷歌作为全世界最大的搜索引擎，可以说拥有着最高的用户访问率，也就是说它的用户平均到达速率是最高的。要做到这一点非常难，谷歌在过去的许多年间，都一直在提升自己的用户访问率，通过大量收购和长期对市场的钻研，保障它们在全世界拥有最多的使用者，这样才有效地提高了自己的点击率和访问率。

但在这个基础上，你会发现谷歌的用户访问率虽然很高，可平均的停留时间却非常短暂。因为人们使用搜索引擎，大多是为了前往其他网站，所以用户不会在搜索引擎网页停留太长时间。也就是说，谷歌的点击率虽然高，但是吸引用户浏览的时间并不长，如果能够在庞大的用户群基础上进行改进，吸引用户能更长时间地浏览或停留在谷歌的页面，就能够有效地增强谷歌在每个时段内的平均客户数量。

所以你会发现，现在谷歌所做的各种工作、进行的产品研发等都是在为留住顾客做准备。谷歌不断完善自己的邮件系统、加强浏览器的建设、提供一系列的插件服务，都是为了保障用户在谷歌上花费的平均时间能够得到延长。

但是像微博这样的媒体平台跟谷歌就不一样，它们所做的主要工作就是吸引更多的新用户。因为微博等平台拥有大量可以留住用户的资讯，每一个用户在打开微博的时候都会浏览较长时间，所以在平均时间上它们并不需要做太多工作。但这样的门户网站，最怕的就是无法吸引用户，毕竟它不像搜索引擎一样天然拥有大量的用户群，所以经营这些平台的管理者，就需要花时间和精力去吸引用户、增加活跃的用户数量。

你看，正是因为产品的不同特点，导致管理者在进行优化的时候侧重的方面也是不一样的。而对于我们来说，除了在管理工作的时候，要用到这个法则，明白如何引导用户去分配自己的时间，我们自己的工作生活也可以利用这一法则。

大多数人想要对自己的生活和工作进行时间管理，其实目的与对企业进行时间管理是一样的，都是为了更加高效地进行工作。谷歌或微博这样的门户网站通过不同方面的优化，有效提升了自身的工作效率和业绩，我们也可以做到。但是，该如何更加高效地工作呢？

1. 加快自己的速度

想要高效工作，高效利用时间，首先你可以加快自己的速度，保障用更快的速率去处理手中的工作，这样就可以在同一时间段内做更多数量的工作，就相当于提高了你的产能。

2. 学会精简工作

由于我们加快工作速度的程度是有限的，在一定的范围内，我们不可能无止境地加快速度，总是要受到各种因素的限制。在这种情况下，如何高效利用时间呢？我们就只能根据利特尔法则的提示，精简自己的工作。要有选择地工作，将最多的精力放在最重要的事情上，这在另一种程度上也是效率提升。

举个简单的例子，以前你一天只能够做四件事，但现在你想要提升自己的效率，于是加快了自己的工作速度，一天可以做好六件事了，可是六件事是你的工作极限，不可能再增加了，这时候怎么办呢？那就要求我们有选择地去做这六件事，选择最重要的六件事去做，而将不重要的事情放在一边，这样我们的工作也变得更加有价值了。

3. 找到合适的节奏，稳定自己的状态

利特尔法则的实现有一个前提，那就是在一个较为稳定的系统下。也就是说所有的数据都是在长期观察下得出的，必须要保证稳定性。自身的时间管理也是如此，想要体现时间管理的优越性和高效性，必须要从长期来看，因此我们不应该去追求短期的极致高效，而是要追求长期的稳定，在一个舒服的状态下，安排自己的工作，找到合适的节奏，这样才能够带来长期好的回报。

根据利特尔法则，我们可以学会对企业乃至个人进行时间管理，这一揭示效率意义的法则，亦能够帮助我们更好地规划工作和人生。

§ 特克斯勒消逝效应

在介绍特克斯勒消逝效应之前，我们先来看一张有趣的图片。

在这张图片的正中心有一个黑点，你可以试一试一直专心致志地凝视着它，当你坚持到 5 ~ 10 秒的时候，就会发现这个黑点周围的图像全部消失了，最终你的眼里只剩下这个黑点。

如果你没有发现，那就试着更加专心一些，再凝视一下。最终所有人都会得到这样的结论——黑点周围的图像全都不见了。这就是特克斯勒消逝效应，是名叫特克斯勒的瑞士物理学家在 19 世纪初发现的。

特克斯勒表示，当一个人的目光焦点集中在某个固定的位置上 20 秒或者更久后，他就会忽视这个点周围的其他事物。也就是说，在这个人的余光当中，其他的视觉刺激将会渐渐减弱，最终他将只能看到自己目光集中的地方，而余光则无法关注到其他的地方。

这是一种神经适应性的表现。怎么解释神经适应性呢？你可以认为，人对外界的刺激反应是不断改变的，当一种刺激长期出现的时候，我们就会适应它，并且忽略它。举个简单的例子，当你刚开始穿上一件粗糙的衣服时，你可能会感受到皮肤和衣服之间的摩擦，觉得很不舒服，但只要过上一段时间，你就会适应这种感觉，你的触觉神经就会变得麻木起来，最终你将忽略这种感受，并且习惯它。这就是一种适应刺激的过程，而特克斯勒消逝效应就是基于这样的一个过程，因为我们一直专心注视着一个点，所以余光中的视觉刺激就被我们适应了，因此就会被忽略。

适应性帮助我们变得更加专心致志。当你适应了噪音，你就不会去注意它，从而可以更好地完成手中的工作；当你适应了衣服和皮肤的摩擦，就不会因此而坐立难安，从而可以正常生活……适应性就是在帮助我们适应那些并不重要的小事，而你越是在一件事上专注，就越容易忽略其他的事情，你的适应性也就越高。

特克斯勒消逝效应也给了我们一个关于时间管理的重要启示——我们应该每次都专注于当前做的事情，忽略其他事，必须要足够的专注才能高效。

当你足够专注的时候，你会不自觉地忽略其他的小事，忽略外界的刺激和打扰，这才是专心致志、精神集中的体现。我们就应该达到能够产生消逝效应的程度去专注工作，这样才能以最高的效率完成我们的计划。

关于这一点，大多数成功人士都是赞同的，马云就曾经说过，人应该要做好一件事。我们的一生会有很多的挑战，如果天天换的话，是永远不可能成功的。

李嘉诚讲究多元化的经营，但他从来不随便乱试，他的多元化经营是有基础的，一定要保障其他的 2 ~ 3 个项目一直是在赚钱，才会去尝试下一个项目。这就是一种专注，即便他愿意去尝试多元化的经营，也从来不是毫无目的地广撒网，而是做好了之后才去走下一步。

马云就说过，他不知道未来阿里巴巴会发展成什么样子，但是在未来的三年到五年之间，他是可以保证专心发展电子商务的。因为在马云看来，阿里巴巴虽然现在在电子商务行业有了一定的成功经验，但还没有将它做到极致，所以还是应该专心致志地发展自己的本行，将本行做好了，再去考虑其他的问题。也许未来阿里巴巴的发展方向会有所转变，但绝对不会偏离这个中心，也绝对不会过于跟风或者追随热点。因为永远跟风，就永远做不好，也意味着无法专心将手头的事情做到极致，成功其实是很难的。

马云数十年如一日在电子商务的行业里打拼，才有了今天阿里巴巴的规模，专心致志做好一件事也许就够了，有时候我们的精力并不足以支撑我们将所有的事都做好。当你专心投入到某件事上时，确实会对其他的事情有所忽略，也确实会需要有所取舍，这就是特克斯勒消逝效应的本质。

特克斯勒消逝效应向我们揭示了，人的专注可以达到怎样的程度，甚至可以让我们的余光对周围的环境视而不见。如果我们能够将这种专注应用到工作中，每一次都沉浸于一件事认真地去做，一次只做好一件事，那么我们的效率就会得到显著的提升，而我们的成功率也会逐渐增高。原因很简单，并不是你变得幸运了，而是因为你变得专注了。一个专注的人，值得获得这样的奖赏，因为专注，所以我们才能够做得更好。

时间管理的秘诀也如此，它并不是让我们在有限的时间内尽可能多地去完成任务，而是要将时间最大化利用，产出最好的结果。所以专注地去做一件事，远比什么都做更好，你一定要明白这一点。

§ 时间混乱现象

　　很多人之所以无法管理好自己的时间，很大因素来自混乱的日常工作安排。对于大多数人来说，我们的日常生活中往往存在着一种时间混乱现象，这意味着混乱无处不在，随时都有可能有意外的突发事件，打断你有秩序的规划，导致你的安排变得一团糟，最终陷入无止境的混乱和盲目中。

　　时间混乱现象存在于每个人的生活，是时间管理最大的敌人和需要克服的问题。我们假设每个人的时间都存在着天然的混乱现象，只要稍不注意就可能导致秩序崩塌，那么我们进行时间管理的目的也就非常明确了，就是为了抵抗这种客观存在的混乱现象，让我们的时间安排走向正轨，变得更加有秩序，这样才会更加高效。

就我个人而言，我随时都可以感受到时间混乱现象的存在。比如当我计划好一天的工作时，在我的理想预计下，本来应该按照计划的步骤去安排自己的时间和精力，但在真正实施的时候，往往会受到其他外界或内在因素的影响，导致我无法完全将精力放在自己的计划上。

比如我可能会有想要休息或者偷懒的想法，导致我将注意力转移到其他放松的事情上，最终无法按时完成计划的工作。又或者我在工作时，发现了一些预料之外的问题，为了处理这些问题，导致计划被打乱。还有的时候，则是工作中的各种突发事件或意外，打乱了我的计划。可不管是哪一种情况，都导致我原本井井有条的规划变得混乱了，而这样的问题会经常出现在我们的生活中。

哪怕你并不是在工作，而是简简单单想要做一顿饭，都会发现在做饭的过程中可能会无意中搞乱厨房、弄脏地板，最终还是可能会花费大量的精力在收拾屋子上，做饭本身反而变成了相对少花时间的事。

你会发现，生活中有太多的混乱源，我们想要维持秩序，或者保持理想化的安排，其实是非常难的一件事。所以时间管理并非只是一种理想化的对时间的安排，更应该体现在对混乱的处理上。好的时间管理方法是可以将生活中的混乱都处理得井井有条的，正是因为有些人有这样的能力，他们才能将自己的时间安排好，而不被烦躁与不知所措所困扰。

时间混乱现象告诉我们，生活中的意外是不可避免的，混乱无处不在，所以我们要通过一些有效的手段来解决，可是要怎样去做呢？

1. 预料到混乱的出现

在我们的生活中，无可避免地会出现意外事件，如果你能够在计划每一步的时候，都将意外考虑进去，就意味着那些突如其来的混乱可能在你的意料之中，这样你就可以游刃有余地在它出现的时候解决它。

其实有些时候，那些影响我们的问题并不是问题本身，而是因为它的出现毫无征兆，所以才打了我们一个措手不及。因此，在做计划的时候，对意外事件要多考虑一下，这对我们解决生活中不可控的混乱有着非常大的帮助。

2. 坚持秩序

我常常强调，一个懂得时间管理的人，应该过规律的生活，因为规律就意味着对于时间有了一定的理智规划，是一个懂得秩序并且愿意遵守秩序的人，有这样的习惯，才能够真正长期坚持好时间管理。

你可能听说过蝴蝶效应，在南半球的一只蝴蝶扇动翅膀，就可能在太平洋上引发一场飓风。蝴蝶效应就反映了一种特殊的理论——混沌理论。混沌理论的大致意思是，事情在开始时，可能会发生一些微小的变化，而这对它后来的发展和结束的方式都会带来巨大的影响。

同样，如果你在生活中习惯了每一个微小的混乱和意外，那么就会养成越来越差的习惯，对于培养时间管理的思维和模式并没有什么好处。生活中的混乱对你的困扰，往往不是简单的加法，而是乘法，它会随着意外的增加而越来越多，并让我们越来越困扰和烦躁。

在这种情况下，不如从一开始就避免这些问题，那就是坚持有秩序、有规律的生活。一个习惯于保持秩序的人，往往很容易管理好自己的时间就是这个原因。

3. 面对突发事件，学会随机应变

面对突如其来的意外，你需要学会随机应变，通过各种方式将其处理掉，这样才不会让生活变得一团糟。这也是一种时间管理的思维。如果这件事你不能提前预料到，那么就在遇到的时候积极去处理，并且减少它对我们的影响，这样就不容易搅乱我们的生活。

一个不懂得处理混乱、很容易陷入麻烦中的人，往往就是既不能预料到意外的发生，不能提前做好准备，又不能在意外发生之后快速地将其处理掉，所以才会始终为麻烦头痛。因此学会在意外面前随机应变，也能够帮助我们将生活从混乱当中拯救出来。

4. 安排和计划要留有余地

时间管理的一个重要技巧就是我们不要将自己的所有时间都安排好，一定要对自己的工作和生活安排留有余地，一些适当的空白可以帮助我们张弛有度地生活。做计划也是这样，你不能要求自己百分百做到某些事情，要向着 100% 去做，然后用 70% 来要求自己，给自己留下一定的余地，这样才能够获得喘息的机会，也不会因为做不到而失望或者面临其他问题。

如果你的安排和计划不留有余地，最终往往伤害的是你自己。比如有些人在投资的过程中，经常因为失误陷入债台高筑的尴尬境地。为什么有的人会有这样的麻烦，有的人就不会有呢？

其实原因很简单，那些因为投资失败而欠债的人，往往都喜欢剑走偏锋，喜欢尝试高风险的投资，他们没有给自己的失败留一点余地，所以一旦遇到麻烦或问题，遇到意料之外的一些小状况，就很容易导致血本无归。巴菲特告诉我们，这样的投资者就像是开车的时候，在方向盘

上放了一把尖刀，刃始终对着心脏。如果行驶在平稳的路面上，就是安全的，但如果车子行驶到颠簸的路面，就很容易引来危及生命的危险。

可见不给自己留余地，一旦遇到意外，会带来怎样的问题和麻烦。所以我们从时间管理的角度思考，也应该学会给自己留一点余地，让自己有足够的时间可以喘息，给意料之外的麻烦留下处理的机会。

虽然时间天然有变得混乱的倾向，但是通过我们合理的安排和管理方法，它也可以被我们处理得井井有条。学会正确处理你的时间，能够游刃有余地解决生活中的意外，可以帮助你在有限的人生当中实现更高的价值。

§ 金字塔原理

"金字塔原理"就是要求我们在思考和沟通的时候应该具有一定的层次性，用结构化的方式来表述我们想要表达的内容，这样不仅让我们的逻辑变得更加清晰，而且帮助我们在和别人沟通的时候，以更加明白的方式去表达自己的观点。"金字塔原理"更适用于写作，在写作的过程当中，可以通过"金字塔原理"的模型来帮助我们，让写作的结构更加合理。

举个简单的例子吧，不知道你是否写过提案或者论文，很多时候，我们往往对提案的内容已经有了较为深入的理解，有许多话想要说，却不知道如何下笔，更不知道该通过怎样合理的方式将自己的想法呈现出来。这就导致写出的东西很容易缺乏逻辑性，还浪费了很多时间在思考如何下笔上。

当你有了一个逻辑框架，知道该如何阐述这件事时，你就相当于有了一篇论文的目录，接下来只要根据你对这些内容的了解，将要说的话填入到目录中去就可以了。思考并产生这个逻辑框架的过程，就是"金字塔原理"的体现。

请看下面这张图，这个分支表就是"金字塔原理"所呈现出的思考模式。它就像是一个金字塔一样，最上层只有一个信息——中心论点。不管你是要阐述一件事，还是要讲明一种方法，最终都是围绕着一个主题来进行的，所以学会归纳很重要，归纳出中心论点之后，就可以放在金字塔的最顶端。

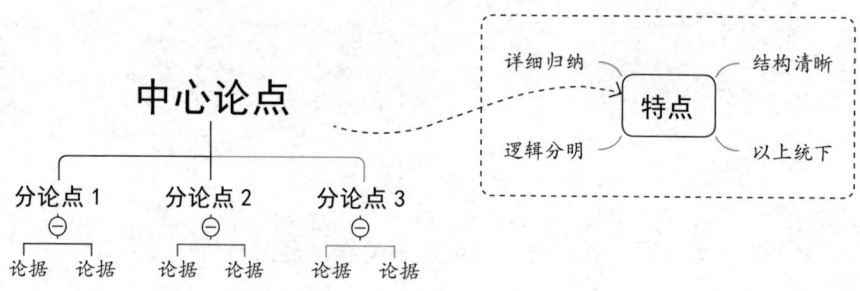

接下来我们就要通过不同的角度来阐述，也就是找出分论点。有了分论点之后，再在每一个分论点下罗列论据，以证明自己的观点，这个金字塔的模型就变得越来越清晰，其中底层是数量最多、信息最多的，而越往上，信息就越少，越有总结性。如果你不能先提取出主要信息，然后一步一步向下思考，而是一开始就在繁复的金字塔底层寻找信息，那么你阐述一个问题时，就很容易抓不住重点，结果花费了更多的时间，可能还很难让对方明白你的意思。

由此可以看出"金字塔原理"的重要性。记住，当你要表述一件事的时候，不论是采用何种方式，首先都要找到提纲挈领的中心思想。通过归类和整理，先梳理出主干部分之后，再进行细枝末节的填充，这才是一个合理的思考方式。

而这种思考方式也是最高效的，能够在最大程度上减少你不必要的时间浪费，保证你的思维能够一直具备逻辑性。

那么，通过"金字塔原理"，我们可以怎样梳理一个问题呢？

1. 建立金字塔模型

首先建立一个金字塔模型，将框架和逻辑树立起来，这样才有利于接下来的思考和工作。

在建立一个复杂的金字塔模型时，可能需要你在思考时运用到一些推理方法。比如归纳推理的方式，当你提出了主题时，可能会产生一些疑问，比如怎么做、为什么等，每一个问题都可以算是一个推理的分支，通过归纳整理写在金字塔的第二行，接下来就根据这些分别提出的问题进行思考，并将你的结果补充在下面，以此类推。

2. 运用 SCQA 架构补充金字塔的主干

SCQA 架构，就是将你所关注的主题按照"情境、冲突、问题、答案"的架构模式，进行阐述分析。我们首先要关注这个主题的产生情境是什么，根据背景来分析主题的特色，接下来我们要找到这个主题当中有冲突和关注点的地方，并且阐述为什么要关注这方面。有冲突和关注点有时候就会暴露一些问题，针对我们所产生的这些疑惑分别去寻找原因，并将答案写出来，这就是一个完整的逻辑思维过程。而通过我们最终寻找的答案，我们就可以找到冲突的解决办法。

在实际工作当中，或者是在论文的撰写过程中，你会发现很多结构都是按照 SCQA 架构进行的，这种架构对于读者来说，也非常符合他们的阅读习惯和逻辑，这就有助于对某些观点进行沟通。因此，一个会表达的人，往往都会选择用这样有逻辑的方式来表述自己的观点。

3. 提炼重点，简明扼要

最后，当我们在阐述的时候一定要学会提炼重点，每一句话都要说得简明扼要，因为听众并不愿意听你用冗长的语言，来讲述一个他们可能并不十分关心或感兴趣的问题，面对这样的情况，越简明，越容易留住他们的注意力。

与之相反，如果你说话啰唆，总是过于冗长找不到重点的话，就算你所说的内容是听众感兴趣的，听众也可能在倾听的过程中感到疲倦，或者失去好奇心。不管是从传播信息的角度上讲，还是从一个演讲者、高效的管理者角度上讲，我们都应该学会将自己的讲话提炼出重点来，用简明扼要的方式来表达。

有些时候，同样的一个问题，你可以用一页纸就简单地概括，你也可以将它扩写成五十多页的论文，单单只看你的选择罢了。而时间就是金钱，浪费别人的时间，也是在浪费别人的生命，在讲求效率的现在，谁都不愿意将大量的时间耗费在某一件事上，所以越简明的阐述方式，越受到人们的喜爱。

学会清晰准确地表达你的观点，将意思准确地传达给对方，这就够了，不需要太华丽的修辞手段，不需要太长的篇幅，只要掌握了"金字塔原理"，学会提炼出最重要的信息，就能成为一个逻辑清晰、表达准确的人。

§80/20 法则

"80/20 法则"又被称为"二八定律"或者"帕累托法则",而根据它的内容,还有人将其称为"最省力法则"和"不平衡原则"。简而言之,只要掌握了"二八定律",你就可以掌握在时间管理当中的不平衡原理,能够极大提升你的管理效率,让你用最少的时间投入,得到最多的有效回报。

在19世纪末20世纪初,意大利经济学家帕累托第一次发现了普遍存在的"二八定律",在他的理解下,"二八定律"可以广泛地应用于各种事物。它告诉我们,无论是生活还是工作当中占据最主要地位、拥有最大影响力的，往往只占总数的一小部分，平均大约 20% 左右；除此之外的 80% 虽然占据多数，但其重要性不高，这就是最朴素的"二八定律"。

"二八定律"揭示了一个时间管理的秘诀——当你选择将更多的精力放在重要的 20% 事务上，用更少的精力去处理不重要的 80%，你的效率就会得到提升，相对时间得到延长。

但是大多数人都做不到这一点，我们总会将自己的时间平均分摊在所有事务上，用 80% 的时间去处理那些并不重要的事务，这造成了一种巨大的浪费，也是很多人效率不高的根本原因。

举个简单的例子，如果一家公司的产品，其主要顾客只是人群中的 20%，他们往往会针对这 20% 投入更多的精力去营销，因为这 20% 的顾客可能带来的收益占总收益的 80%。在这种基础上精准定位用户，可以帮助公司降低营销成本，但不会影响业绩水平。很简单，因为他们找到了影响力最大的一部分，这就是一种有效的降低成本、提升效率的经营方式。

时间管理也是如此，针对那重要的 20% 的内容，你应该投入 80% 的精力去做，而剩下的 80%，只要分散 20% 的精力完成就可以了。

在时间管理当中，我们应该谨慎运用"二八定律"。因为那重要的 20% 该如何选择，取决于你对事务的认知，大多数人的思维都是线性的，这可能会导致你对"二八定律"产生一些误解，比如轻易地因为某一个变量决定事物的重要性。然而实际上，这件事是否重要，是需要综合多方面的因素来考虑的，最终的考虑结果应该是全面而复杂的，而非线性简单的逻辑结论，所以"二八定律"考察的其实就是你对重要因素的提取能力。

想要迅速地找到最应该花费时间和精力的重要事项，而不是在琐事当中耗费时间，就一定要学会抓住主要矛盾，提取出最重要的因素。

举个例子，追逐梦想当然是好的，你可以将大部分的时间都放在完成梦想上，但在这个基础上也要记得能维持生活，如果你连面包都买不起，生存就会取代梦想，成为你当前最烦恼的事情。

记住，一个高效率的人，不是将每一件事都做到完美的，没有人可以将每一件事都做好，但你可以选择将其中最重要的一部分做好，然后尽可能地去顺便解决其他问题。所以合理安排时间非常重要，让你的时间和精力都投入在能够产生关键产出的20%上面，你会发现自己的效率能得到最大程度的提高。

要做到这一点，你需要下面这个流程来贯彻"二八定律"。

1. 在将要完成的任务中找到重要的工作

要贯彻"二八定律"，你就首先要找到最重要的20%，所以学会筛选工作变成了前提和基础。我的建议是，你可以将"二八定律"和"四象限法则"结合起来，通过"四象限法则"来区别你当前要完成的工作，明白自己最重要也最紧急的工作是什么，然后在这上面投入最大的精力。

2. 学会扬长避短，少在不擅长的工作上花费时间

除非这些不擅长的工作，对你的现在和将来会产生一定影响，需要你花费时间去学习并且掌握它，否则对于不擅长的工作，你可以将其划分到80%中。只要它对你的影响不大，而你对其又不容易上手，就可以被当作是不重要的内容。解决它有很多途径，比如你可以借助一定的工具，让重复性活动可一次解决，比如通过群发邮件的方式通知，就可以

避免与每个人当面交流浪费时间；或者是，你可以选择将这份工作拜托给擅长的同事，通过合理的合作来提升效率。

3.严格压缩不必要的琐事时间

如果你的时间管理不够严格，很容易在生活中留下一些没有安排工作的时间段，而这些时间大多数都会用到琐事上。在这种情况下，你应该学会严格压缩这些不必要的时间，尽可能地将所有的有效时间都利用起来，将日程计划写得满满的，包括足量的休息时间也要安排在上面，这样可以很好地督促你压缩琐事时间。

总之，学会"二八法则"，你就可以在一定程度上明白时间管理的内涵。不要怕耗费大量的精力去完成一件事，只要这件事是解决主要矛盾的关键，那么你花费的精力就绝对不白费，反而会比你在次要事务上忙忙碌碌要高效得多。

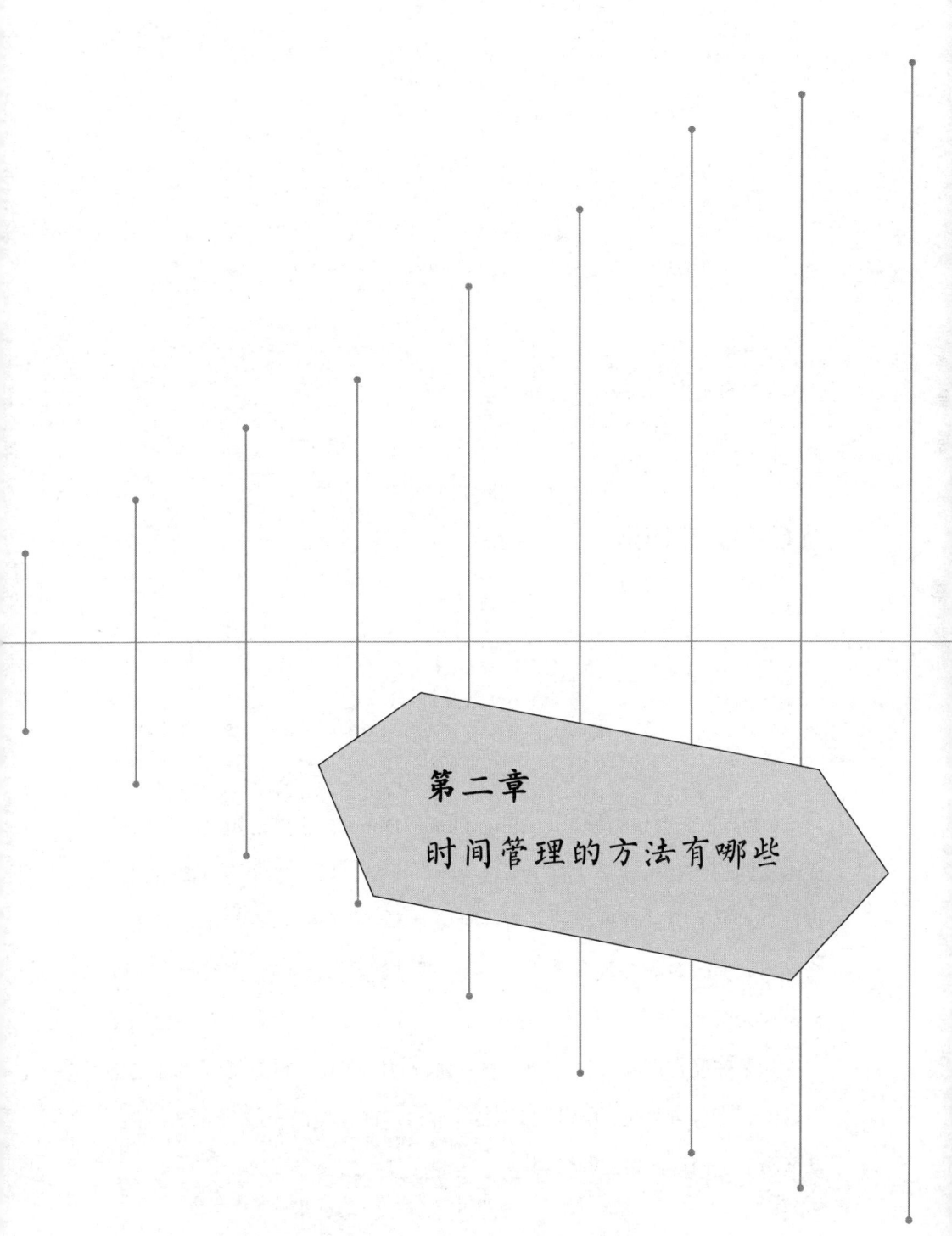

第二章

时间管理的方法有哪些

§GTD 工作法

GTD 工作法其实就是 Getting Things Done 的缩写，如果将其翻译成中文的话，意思就是"将事情做完"。没错，只要是能将事情做完，就是一种好的时间管理模式，有些时候时间管理就是这么简单。当然，将事情做完，对大多数人来说，其实并非说的那么容易，尤其是在一些重要的大事上，很多人连将事情做完都无法达成，更不要说将事情做好了。

如果你能合理安排自己的时间，懂得将时间划分得更好，你就完全可以做到将事情做完。所以我们才会推荐 GTD 工作法，通过这种工作方法来帮助我们管理自己的时间。

这一工作法的核心其实比较简单，就是要求我们要把自己需要做的事情记录下来，通过直观的方式来提醒自己，然后以合理的整合和安排，让我们的计划变得更有可行性，最终，执行这些事项。

当你的工作很多的时候，选择使用 GTD 工作法来安排时间，可以明显感受到自己的工作变得井井有条了，这就是一种管理能力的提升。比如前不久，行政处的一个朋友就跟我说，最近的工作非常多，他经常丢三落四，主管多次因为他的疏忽而批评他。更要紧的是，因为工作太多了，他经常忘记有些工作是否做过，导致一次次重复去做，不仅降低了自己的效率，而且在同事们眼里也是一种非常缺乏职业水平的表现。

我告诉他，人忙的时候确实更容易出错，因为一旦忙乱起来，我们就不能够清晰地认识即将要做的工作，更不要说将琐碎的事情全部都记在脑中。在这种情况下，将事项写下来一件件去做，做完之后及时进行回顾整理，划掉做过的事情，按部就班地去做下一项，能让我们的工作变得更加有条理。这能减轻我们的烦乱心态，也能避免花费精力去记这些不必要的事情，能让整个人变得更加轻松、更加高效。

这就是符合 GTD 理念的工作方式，而朋友按照我说的去做了之后，果然效率提升了不少。其实这种工作方法的核心理念非常简单，就是将你今天打算要做的事情都写下来，安排好每一步做什么。我们往往都不会把它们写下来，而是记在脑子里，这就导致自己在做一件事的时候，很难全神贯注，总是会想着还有其他的事情要做，但是当它落在纸上之后，你就会发现自己可以心无旁骛地去做手头的工作了，这样效率自然就有所提升。

让自己变专心，有些时候提升效率的程度不仅显而易见，甚至会让你大吃一惊。而且将其他的事情写在纸上，做一个简单的计划，也可以帮助你一直记着它们，这样你就不会在过于忙碌的时候忽略一些重要的事，导致出现一些不可控的麻烦。

很多时候阻碍我们上升的往往不是我们的能力，因为我们还没有到达能力的极限，就已经因为一些不好的工作习惯而寸步难行。比如很多时候，我们想要做的事情却很难落实，明明跟别人说自己一定能做到，最终却连开始都没有，而采用 GTD 的模式进行工作，更容易确保自己将该做的事情都落实下来。积少成多，最终可以在长远的人生道路上对我们产生积极的影响。

这种方式非常适用于拖延症患者。很多人之所以拖延，并不是因为自己感到疲倦，而是因为大量的事务积压在自己的脑子里，意识中认为自己要做很多事，就会产生心理上的抵触。然而最后回顾，你会发现自己所能做的，不过是打算中的一两件而已，你只是在想象当中非常忙碌，本身并不是这样。

GTD 其实就是在两个方面帮助我们管理时间，并让自己的效率变得更高。第一个方面就是让大脑变得更加轻松，解放不必要的内存。很多时候，我们之所以做到的事情很少，就是因为自己想得太多，而一件事情想得越多，就越难以落实，你把它想得越难，就越不愿意开始。所以我们说这件事在你脑袋中所占的内存大小，跟你现实生活中完成进度多少是成反比的。因此，将要做的事情记录下来，其实就是从大脑里搬运到了笔记本上，解放了我们的大脑。

第二个方面则是帮助我们提升行动力。在想要做一件事的时候，我们往往并不会想到该怎么做，但当我们将这件事写下来的时候，就可以加深自己的思考，并且将这种计划变得更加具体。比如我们决定要在一天之内做好几件事，但如果你不写下来的话，你甚至连什么时候开始做、先做哪一件、怎样做，都不会去细想。而当你真正写下来的时候，你就明白了，自己应该怎样去做，相当于有了一个落实的指导计划，这种方式，无形之中就帮助我们提升了行动力。

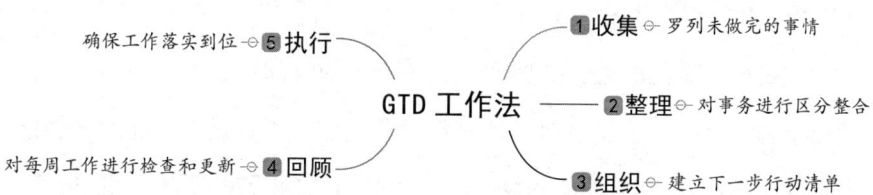

这一理念拥有五个步骤，分别是收集、整理、组织、回顾和执行。如图所示，每个步骤都有它自己的特色，也都会对我们的工作产生一定的影响。

1. 收集

我们首先要做的就是收集信息，将自己脑海中计划的事项罗列下来，同时将一些不成熟的想法也写下来。要记住，你只是收集信息，而不用考虑如何整理，所以你完全可以将这些看似烦琐的想法都罗列在一张纸上，唯一要确保的就是完整，千万不要有所遗漏。

这种方式其实相当于在转移我们大脑的压力，当你把这些提醒事项写在纸上的时候，就不用再记在脑子里给自己增添压力了。当你将这些烦琐的问题赶出自己的大脑后，你就可以进行下一步了。

2. 整理

第二步就是对我们之前所收集的信息进行整理。我们收集时写下的有些事项是可以立刻实施的，有些却只是一个不成熟的想法，连可行性都未必有，此时，我们就需要通过整理，将其分门别类归置，然后明确自己应该先做什么后做什么、什么可以做、什么暂时不能做。

不能做的内容也并非就毫无意义了，你可以将它们整理在专门的资料夹中，也许以后遇到机会可以实施。

在我们整理的时候，有些事情其实占用的时间和精力并不多，比如发一个邮件、签一份文件等。此时你就要关注一下，是否能在两分钟之内将这件事做完，如果能的话就立刻着手去做，如果要耗费的时间比较长，那么就将它整理下来，放到下一个环节处理。

3. 组织

整理之后，组织这一步骤应该算是最核心的步骤了。因为这一步骤不仅是要对整理的资料进行分析，还要制订出真正能够落实到行动上的计划。比如将要完成的事项重点应该在哪些地方、应该花费多长时间做完、做的时候应该注意什么步骤，这些都是在组织的时候，需要你去关注和确定的。

4. 回顾

系统回顾也是一个关键的环节，每周我们都应该对自己的工作进行回顾和检查，这样你会发现有些工作可能已经过期了，不需要再完成，就可以将其从清单当中删掉。还有个事项，可能重要程度提升了，你就应该在清单当中提升它的级别，保障自己接下来能够更早的将这件事情完成。同时每周的回顾还是对上一周工作的总结和下一周工作的计划，通过这种回顾，我们可以对自己当前的工作状态和进程有非常深刻的了解，便于把握自己的工作节奏。

5.执行

任何计划，如果不能落实到行动上，都是空谈，再好的计划我们的目的也是为了更好的执行，所以这一环节才是重中之重。在具体的执行过程中，你还可以根据所面临的情况变化而调整原本的计划，通过不断调整来适应当前的工作状态。

记住一定要有执行力，如果你的执行力缺乏，在真正实施的时候没有办法下定决心提高自己的效率，那么前面所做的再多准备工作都是毫无用处的。

§ 张弛有度的"番茄工作法"

人不是机器，即便是机器，也有需要维修维护的时候，我们更需要适当的休息，才能保证接下来的工作可以有充沛的精力去完成。所以在进行时间管理的时候，一定要记住，张弛有度地安排自己的工作，留下足够的休息时间。否则的话，你不可能提高效率，反而会处于长时间的低效和疲惫当中。

这时候我建议大家可以采取"番茄工作法"来安排自己的时间，这种时间管理方式简单易行，不仅非常容易理解和实施，还有很多的相关 App 可以帮助我们对自己进行监督，让我们可以贯彻落实这种时间管理方法。

跟前面所介绍的 GTD 法比起来，"番茄工作法"显得更加详细和微观，前者只是对一天的工作进行了计划，而"番茄工作法"的时间安排则精确到了每半个小时，可以帮助我们将效率落实到每一个细节。

"番茄工作法"的原理很简单，你可以先选择一个想要完成的任务，然后设立一个番茄时钟。一个番茄时钟是 25 分钟，在这 25 分钟之内，你应该专注工作，保持注意力集中，不可以做任何与当前的工作无关的事情。等到 25 分钟之后，番茄时钟提醒你了，你就可以开始休息了。每一个番茄时钟之后，你都有 5 分钟的时间可以休息，休息时间结束之后，新一轮的番茄时钟又开始计时。

这就像我们平时上课的时候，每节课中间都会有一段休息时间一样，有利于我们在短暂的放松之后投入到下一节课的紧张学习中。只不过番茄时钟的划分时段比正常的课程更短暂，这样可以保证我们集中注意力的时间更久，不会因为长时间的伏案工作，而感觉到疲惫和精神涣散。

"番茄工作法"不但能够提高工作效率，而且每当你在番茄时钟内完成了计划，你就会感受到非常大的成就感和满足感。这种成就感可以转化为工作的积极性，帮助我们在工作中长时间保持更高效的状态。

我们可以用一个简单的案例来看一下，别人是如何用番茄时钟来规划自己的时间的。

小李每天都会用番茄时钟来详细规划自己的时间，早上八点半之后，小李就启动了第一个番茄时钟，在这 25 分钟之内，他将回顾昨天的工作，并且对今天的工作进行简单的计划，列出一个计划清单来按部就班完成。

做好这些整理之后，每天最开始的准备工作就完成了，这样要花费大概一个番茄时钟。

　　充分休息后开始第二个番茄时钟,小李会开始做今天最重要的工作,也就是列在清单当中最顶端的、紧急重要程度最高的事项。因为早晨是我们最清醒也是效率最高的时候,所以此时去挑战当天最重要的工作,不仅有助于提升工作质量,还保障了我们每天都能将最重要的工作完成好。

　　就这样坚持工作,四个番茄时钟之后,一般就到中午休息吃饭的时间了,这时我们可以正常进行午休。如果你发现四个番茄时钟之后你还可以工作,那么一定要记得先休息较长的一段时间,比如15 ~ 20分钟,这样才能保证你在下一轮的番茄时钟内能集中精力。

　　对小李来说,根据他的时间规划,四个番茄时钟刚好可以午休。下午两点之后,他再重新开始工作,下午的时间相对比较长,在达成了三到四个番茄时钟的工作之后,小李往往会选择好好休息,比如出门走一走,听歌放松一下等。

　　每天最后的番茄时钟可以用来整理当天的工作,并且对遗留下的工作进行记录,保证自己在第二天不会忘记,能够继续完成。这样安排一天,你会发现效率非常高,在工作时间内,你的每分钟都被利用了起来,而且因为有张弛有度的良好节奏,也不会感到很疲惫。

　　在这种高效之下,小李一般都能够完成自己的工作,所以他按时下班,晚饭之后有大量的时间可以留给自己。这样的效率是很多人不具备的,因此很多人在工作时段内完不成工作,还要加班加点来完成,那就是效率低下造成的负担和问题。

　　关于番茄时钟计划,我们需要注意下面几个原则,不能违背:

1. 每个番茄时钟都是25分钟

　　其间绝对不可以做任何与任务不相关的事情,否则这个番茄时钟就是无效的。

2. 时钟的周期较短

因时钟的周期较短，所以不存在半个番茄时钟，每个番茄时钟不可以被分开。

3. 保证休闲时间

对于休闲的时间，不要用番茄时钟来安排，这样容易产生紧张感，影响身心放松。

4. 不要过于压榨自己在每个番茄时钟内的效率

从根本上讲，番茄时钟能够让我们养成良好的工作习惯，有一个好的工作节奏，这样本身也是一种效率的提高。如果你过于追求短时间的高效，要求自己在每个番茄时钟内都以最高效率进行工作，往往会让自己感到疲惫，这样就很难长期坚持番茄时钟的工作法了。

5. 你的作息安排应该适合自己的需求

不要为了追求高效和长时间的工作而压榨自己的精力，因为从长远来看，这绝对是不可取的。

6. 如若缺乏一定的自制力，可以通过相关的番茄时钟 App 来监督自己

手机上有一些番茄时钟类的 App，可以在开启时强制关闭手机的其他功能，比如只能拨打或接听电话，不能随意与他人聊天，也不能上网、看电影等，这就帮助我们戒掉了"网瘾"。要知道现在沉迷于手机"杀时间"的人很多，明明可以用来工作的时间，往往拿起手机看一下新闻，看一点有趣的视频就花费掉了，而这些番茄时钟 App 的强制功能，可以帮助我们抑制网络依赖，是一种很好的侧面监督的工具。

§ 六点优先工作制

"六点优先工作制"又叫"艾维利法则",是著名的效率大师艾维利所发明的。他认为如果我们在日常情况下,能够保证每天把六件事做好,就是一种非常高效利用时间的表现了。一个人一天的精力是有限的,如果我们想要将精力放在重要的事务上,更需要花费大量的时间,所以不可能在每天都完成大量的重要工作。在这种情况下,如果你能保证一天做好六件事,就绝对是一个高效人士。

艾维利曾经建议著名的美国钢铁公司伯利恒的总裁,按照"六点优先工作制"的方式来安排自己的工作,并且取得了非常好的效果。当时美国伯利恒钢铁公司正面临着一些焦头烂额的问题，公司濒临破产边缘。在这种情况下，总裁找到艾维利进行咨询，询问他应该如何扭转当前的危局。

他们进行了半小时左右的交流，最开始的大部分时间里，艾维利都在听总裁倾诉自己的问题。在了解了他所面临的状况之后，艾维利对总裁提出了一个要求——拿出一张白纸将他今天要做的事情全都写下来。

总裁欣然照办。身为一家钢铁公司的负责人，他每天的工作当然是非常多的，所以最后这张白纸被总裁写得满满当当，其中大概有几十项工作，都是他今天要做完的。

接下来艾维利对总裁说："好的，现在从这些事情中，找出你认为最重要的六件事，分别按照其重要性，从 1 到 6 标出来。"

艾维利还叮嘱总裁，从今天开始，以后的每一天都要这样做。先将自己这一天需要完成的工作写下来，然后按照重要性选出前六项最重要的工作，从第一项开始做。每天只要先完成最重要的事情，再去完成下一项，如果做不完标号为 1 的事就不要去考虑标号为 2 的工作。

艾维利还告诉总裁，其实人一天的精力是有限的，如果能全力以赴，将前面六项最重要的事情做好，就已经是一种效率和时间上的高效体现。大多数人每天都觉得自己有很多工作，但实际上他们很难完成其中的大部分，如果只是想到什么就做什么的话，大量的时间和精力就会浪费在一些根本不重要的事情上。

所以在一开始就应该对自己的工作效率和时间安排有一个明确的认识，知道自己一天能做多少事，然后全力以赴地去做最重要的，这样才能将时间高效利用起来。

这就是有名的"六点优先工作制"。艾维利告诉伯利恒的总裁，如果他能够坚持这样做，并且向自己企业中的每一个员工推广这种方法，那么整个公司的效率都将大大提升。想象一下，如果我们身边的每一个人，都能够将自己的主要精力放在最重要的事情上，每一分钟都在做最能体现自身价值和最能发挥生产力的事，那该是一种怎样的高效啊！

果然一年之后，伯利恒公司扭亏为盈，破产的风险也就消失无踪。艾维利因此收到了一张两万五千美元的支票，这张支票也体现了他所提出的这个法则是多么的有效！几年之后，当我们再看到伯利恒公司的时候，已经完全不能从它的身上找到破产的风险和痕迹，它成了当时美国最大的私营钢铁公司。而这个案例也在管理学界被奉为圭臬，人们认为这个看似简单的方法，体现了最高效的时间管理理念。

当我们在进行企业或个人的时间管理时，也可以学习艾维利的方法，利用"六点优先工作制"来帮助自己管理好每天的时间，把自己的每时每刻都放在有意义的工作上。当你要实行"六点优先工作制"的时候，可以按照以下几个步骤进行：

1. 列出一个计划清单

首先，在选出最重要的六件事之前，你应该知道自己要做什么，所以列一个计划清单是很重要的。列清单的时候，有时我们可能会忽略一些重要的事情，所以你可以将其列成思维导图，用思维导图的模式，更加具有逻辑性地呈现在我们眼前，可以让我们对要做的事情有更加直观的认识和更全面的考虑。

列一个计划清单很重要，如果你连自己要做什么都不知道，也很难从中找出最重要的事情。而且有些重要的事，也许你的印象并不深刻，所以如果你不梳理一下，而是直接去想的话，很容易将其遗漏。所以将事情罗列下来，写成清单整理好，再从中挑出最重要的事情，可以最大程度上保证考虑全面。

2. 对于较为困难的大项目，可以化整为零

我们所说的"六点优先工作制"对于一些大规模的工作来说，可能不那么适用。因为你常常会发现，自己不仅一天做不了六件事，还可能一件事就要花费好几天的时间，因为工作体量实在是太大了。在这种情况下，你就要学会化整为零，将一个大项目拆分成不同的小项目或阶段来进行。

在这之后，再在小项目中挑出最重要的六件来做。这种方式不仅让我们的工作被细化，变得更加有条理性，而且很容易让我们产生成就感，不容易在长时间的工作中产生疲惫。

3. 按照轻重缓急，对事务进行排序

在选择出最重要的六件事之后，应该按照轻重缓急对它们进行排序，因为我们在做的时候应该首选最重要的，其次是第二重要的事情，以此类推。

而且我们还会面临一个问题，当你在计划中预计自己要一天做六件事的时候，因为在实际操作中会面临很多意外状况，所以很可能无法将其完成。在这种情况下，我们当然要有所取舍，最终完成不了的那件事应该是相对不那么重要的。所以，每天应该将最重要的事情放在第一件来做，等做完之后再进行下一项，这样才能保证我们的所有精力都被最大程度的利用。

4.拒绝拖延，做一个有执行力的人

计划在做完之后能否保证达成目标，看的不是其他，而是我们有没有执行力。如果你是一个缺乏执行力的人，在真正落实计划的时候，常常面临拖延的问题，那样再好的计划也很难落实。这就是为什么很多人总是打算的很好，可是真正做出来的成果却和想象中天差地别，全都是因为执行力不够，所以理想的状况才与现实脱节。

解决这个问题，可能在有拖延症的人看来是比较难的，但只要你下定决心愿意去管理自己的时间，并提升自己的效率，这样的困难也能够克服。

§ 神奇的"莫法特休息法"

　　我们都知道，长期的伏案工作很容易让人感到疲惫，当你觉得疲惫的时候，效率就会下降，所以一个好的时间管理方法应该是劳逸结合的。当你长时间工作之后，最好是通过合理的休息，让自己能够快速恢复到良好的状态，这样才是长时间保持效率的最佳办法。

　　可能有些人会表示自己并没有那么多的休息时间，那如何能够在工作当中更长时间地保持精力充沛呢？也有一个简单的方法，那就是"莫法特休息法"，坚持这种方法，哪怕你不花费大量的时间在完全的休闲活动上，也一样能得到适当的放松和休息。

　　"莫法特休息法"是翻译家詹姆斯·莫法特提出的。在翻译《圣经》的时候，他发现这种方式可以让自己在工作中也能得到休息，让思维变得更加灵活清晰。

　　当时，莫法特的书房中摆放着三张桌子，在第一张桌子上，他放着自己正在翻译的《圣经》稿件，每当他需要翻译的时候，他就会坐在这张桌子上工作。而第二张桌子上则是他当时正在撰写的一篇论文的原稿，原来他在翻译《圣经》的同时，还有一篇论文要撰写发表。第三张桌子上放的是一本侦探小说的原稿，这也是莫法特当时同时进行的工作之一。

　　《圣经》本身就是一部长篇巨著，翻译起来非常困难，而莫法特选择了同时进行三项工作，并不是为了给自己增添压力，反而是为了能够调节自己的工作状态。每当他在翻译的过程中遇到困难或感到疲惫的时候，他就会选择一种简单的休息方式——换一张桌子，去开始另一项工作。

　　也就是说，当他翻译累了的时候，他可能会写一下自己的论文；当论文遇到瓶颈的时候，他可能会写一下侦探小说；如果侦探小说缺乏灵感，他又可能去进行自己的翻译工作……

　　你可能会说，这不同样都是在工作吗？换来换去又有什么差别！

　　并非如此，当他在转换工作的时候，虽然思维一直是紧绷的，但是因为思考的内容变化了，所以会产生一种新鲜感，原本会有的疲劳和惯性思维也会一扫而空。这种穿插进行的工作方式可以让人们的想法更加灵活，也会让做事的效率更高。

　　虽然本质上工作的量是没有变化的，但是从效率的角度去看，你会发现这种方式可以让我们更快地将工作做完，是一种非常有效的时间管理方法。

其实人的大脑就像土地一样，如果你总是在土壤上种植同一种作物，它们就会将土壤中的某些养分吸取殆尽，所以这些作物产量就会越来越低。因此人们会选择间作套种，在土壤上轮流或分别种植多种作物，不同的作物所需的营养物质不一样，彼此甚至会产生互补，这样就能让土壤的肥力长期保持在较高状态。人的大脑就是如此，如果你总是进行同一种工作，大脑就会很容易产生惯性，并且变得疲劳，不仅在思考问题的时候容易显得僵化，还会让你产生倦怠感。

这种时候，若是你时间充裕，最好的办法就是休息一下，完全放松自己，让自己有一个较为良好的状态之后再投入工作。如果没有这种条件，而你又迫切地需要提高自己的效率，那就可以选择"莫法特休息法"，以这种交叉进行工作的方式来放松自己的大脑，调节自己的思维，这样既能避免僵化的思考模式导致问题的出现，又能让效率得到提升。

我们在工作的时候，面对不同的情况，大脑皮层的活跃度是不一样的，活跃的位置也是不一样的。所以从科学的角度上讲，当你转换工作的时候，虽然你还是处于工作状态，但是你的大脑已经有一部分得到了休息，而另一部分则开始工作，这就起到了轮流休息的作用。脑力也是一种劳动力，和体力一样需要珍惜使用，让它得到合理的休息和调节是必要的。

我们可以这样安排自己的工作，保障它们穿插进行，而让自己得到最佳的休息。

1. 选择一个主要进行的工作，两到三个调剂工作

穿插进行，能够让我们的大脑得到休息，但也很容易导致主次不分明，不知道该将主要精力放在哪一项工作上。所以在进行"莫法特休息法"

的时候，我们应该有主次区分，选择一个当前要进行的主要工作，每次在进行这一工作的时候，更加集中注意力，而且花费更多的时间。同时选择几个调剂性的工作，当我们在做主要工作时，遇到了问题或者是感到了疲惫，就可以做调剂性的工作来放松和休息。

这样我们在做调节性工作的时候，就不用继续紧绷着精神，也不用花费大量的脑力去思考，真正起到了有张有弛。有些人选择的几项工作都是需要高紧张度、高脑力活动的，频繁地转换工作，反而会打乱自己的节奏，而精神一点都没有得到放松，这就得不偿失了。

2. 穿插工作的时候也要有始有终

"莫法特休息法"虽然让我们穿插工作，但我认为每一次转换工作的时候都应该是有原因的，要么是当前的工作遇到了一定的困难，所以不得不先去做其他的工作，要么就是完成了某一个阶段性工作再去转换。因为很多工作需要我们有整体思路，一旦被打断了，就很难接上，对待这样的工作，一定要有始有终，先做完一个阶段之后再放下。

3. "莫法特休息法"需要适度

转换工作，的确能够给我们带来一些新鲜感，防止出现长时间伏案导致的疲惫，但这并非意味着我们可以随心所欲地频繁转换工作。即便你选择了"莫法特休息法"，也应该控制这种休息在一个适度的状态，过于频繁地改变当前的工作，只会让你整体效率下降，且全局思维将完全被打乱。

§ 麦肯锡 30 秒电梯理论

著名管理、咨询公司麦肯锡集团非常重视思维导图的作用,作为业界领先的咨询公司,很多人都认为麦肯锡的咨询师是非常神秘且极其高端的。不管是什么行业的人提出了什么样的问题,小到个人的职业规划,大到整个集团的战略目标,抑或从解决一个市场或产品问题,到为品牌设计一个发展方案,只要你能提出,他们就一定能给你解惑。

麦肯锡就像是职业战场上的江湖百晓生一样。他们之所以能够跨行业对人们提供指导,不过是因为他们掌握了高效管理和高效工作的内涵,这一理论可以应用在不同的行业,但原理其实是一样的。我们所讲的也是高效管理的工作方式，相当于将麦肯锡的这种能力传达给了大家。

麦肯锡曾经提出过一个非常著名的理论——30秒电梯理论。这一理论要求麦肯锡的每一个业务人员都应该具备足够的表达能力，可以在30秒时间之内就向客户介绍清楚自己的方案和想法。这一理论体现了工作当中追求的极致效率，不要以为30秒时间什么也做不了，如果你能够将其把握好的话，完全可以达成麦肯锡的要求。

而当你能做到的时候，说明你的很多能力已经锻炼到了极致。比如你的表达和沟通能力就一定是很好的，如果一个人不能准确地传达出自己的想法，并且和别人进行友好沟通的话，是很难在30秒之内就将自己的方案说清楚的。同时你的逻辑思维能力以及对重点的提炼能力，还有表现力，都达到了一定的水平，这样才能在一段短暂的时间内将重点传达出去，同时吸引对方的关注，而这可以帮助你在很多时候把握住难得的机会。

现在火遍中国的抖音，其实就是麦肯锡30秒电梯理论在传播上的一种体现。对于普通用户而言，抖音视频最多只有15秒，你需要在15秒之内讲述一个完整的故事并将这些信息传达给对方，同时还要让对方能够理解你的意思。在短短的时间内保证逻辑性和沟通性还不行，还要有能够吸引别人关注的点，这样才能够引爆传播。

事实上，大量的抖音视频都无法做到这一点，但还是有相当一部分优秀视频，毫无疑问，它们都得到了广泛的转发，拥有了一定的传播价值。通过市场的验证，你会发现能够做好这一点真的很重要，毕竟现在人们的时间都那么宝贵，谁会有时间去倾听不那么感兴趣的事呢？"太长不看"的想法是很多人的第一反应，所以30秒之内能够抓住对方的好奇心，让其有继续探究和交流的欲望，实在是太重要了。

在企业的运营当中，能够把握好 30 秒电梯理论，对一个企业的发展来说至关重要。尤其是那些依赖团队沟通合作的企业，30 秒电梯理论可以帮助它们很好地节省时间去提升沟通效率，让整个团队的工作效率都得到提升。

麦肯锡的 30 秒电梯理论，就要求人们必须在短时间内将主题表达清楚，并且将结果呈现给对方。这就有了两个特点：直奔主题和直指结果。

在这之余，如果你还要对主题进行归纳的话，请一定要保持在三条以内。因为在非特殊情况下，人们一般只能够对前三条有印象，而很难记住剩下的条目，所以说将最重要的三条归纳出来就足够了，千万不要用过于细致和冗长的条目来介绍自己的工作，这样对方往往很难抓住重点。

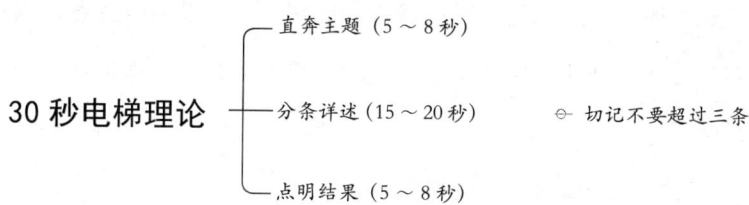

30 秒电梯理论也适用于想要进行时间管理的人，同时培养自己的表达能力和演讲力，可以让你将时间进一步压缩，高效地表达和传播信息。要做到这一点，也许你可以从以下几个角度入手：

1. 有一个吸引人的开头

沟通有的时候就像演讲，你一定要把话说得有吸引力，别人才会愿意继续听下去，所以在开始你应该讲得语出惊人一些，有一个吸引人的开头。良好的开端是成功的一半，让别人听了你的开头，还愿意继续听下去的话，他听完的概率就会很大。

因此很多人都喜欢开门见山，直接带出自己的主题，这样只要对方对自己所讲的主题感兴趣，就一定会听下去，且主次分明，逻辑非常合理。尤其是在跟别人沟通交流的时候，点明主题非常重要，这样也不会浪费彼此的时间。

2. 短小精悍的阐述

有人说，文笔越老道的人用词往往越简练，说的道理也越简单。写作业也好演讲也罢，一定要抓住最根本的东西，直奔主题传达自己的主要想法，这比任何繁复华丽的修饰词藻都更重要。很多公司的会议之所以冗长浪费时间，就是因为花费了大量的时间在假大空的修饰上，迟迟找不到重点，说不到点子上，问题解决不了，会议就无法结束，就只能浪费大家的时间。所以进行时间管理的时候，一定要直奔主题，说话简明扼要。这尤其适用于团队沟通的时候，可以大大缩短我们在沟通中浪费的时间。

3. 学会总结提炼自己的观点

总结提炼好自己的观点，也是一种逻辑性的体现。你的观点应该非常鲜明且能抓人，归纳总结观点的时候，一定要有逻辑、有节奏，既不要过于重视细节，也不要太粗枝大叶，同时最好保证在三条以内。

还是我们前面说的，人的注意力一般只能关注到三条之内的信息，过多的条目只会让他们觉得厌烦，甚至连三条都记不住。所以不要觉得信息传达越多越好，一定要越合适越好，以对方的承受能力为基础去考虑。

§ 月计划安排法

做计划这件事说起来特别简单，街上随便拉来一个小学生都能告诉你：找张纸，做个表，划分时间，填进任务，轻松搞定！

甚至你还会骄傲地说："我可是经常做计划：今天要做的工作是什么，大体有几项，在下班之前完成就好；这件事情我大概需要分三部分完成，具体问题执行的时候再解决……"

快停下吧各位，这可不是做计划，这只能算是口头规划！计划好眼前的，才有资格展望未来，如果连身边一件简单的工作都计划不好，又何谈蓝图，何谈未来呢？

很多人没有做计划的习惯，做什么事都是随走随看，问题出现才想起解决，分歧出现才知道决断。想要学会制订计划，我们可以先从身边已经经历过的事情开始，利用已有经验，练习对待事物怎么预判、怎么提前分析问题、怎么做好准备。

举一个具体的例子：某次，你参加公司举办活动的筹备工作，因为自己没有任何计划，招待客人用的饮食、现场灯光的安排、与会嘉宾的座次，一切一切都是遇到问题才想起解决，最终活动期间必然有很多缺漏。

虽然事情不怎么顺利，但是你至少了解了活动举办的全部流程、要求以及可能出现的问题，所以下一次再遇到类似的工作，你就可以通过做计划把工作做得更加完美。把必须要做的事情列出，规划好时间，把可能出现的问题列举周全，并提前准备好应对措施，这样再行动，各项工作自然会流畅，出现问题也不会慌乱无措、耽误时间，拖延现象也就可以减少甚至避免了。

所以，在做事之前一定要养成先做计划的习惯，当你有了良好的习惯，工作才会得到梳理，才不会在一团乱麻当中乱了阵脚。

我的日常笔记中，最常出现的就是每日计划，但最重要的是每月计划。因为在工作中，有许多事项都无法在一日之内完成，而是有一定的周期，所以，每日计划的安排虽然详细有实用价值，却缺乏大局性。想要安排好自己的工作，就要先从整体上去分析、设计，然后再将任务分配到每天，成为每日的具体计划。所以，我的日计划其实是基于月计划这个大的目标来做的。

为什么不将眼光放得更远，干脆弄个年计划呢？这是因为一年的周期太长，我们无法很好地预估未来一年要面临的工作，但可以安排下个月的主要事项。一个月，是能够引导、安排我们工作的最佳周期，所以日计划太小、年计划太空、月计划刚刚好。

月计划						
	周一	周二	周三	周四	周五	周六	周日
第一周	做报表，进行会议记录，提交工作计划	出差	出差	出差	提交提案，交接客户	××的生日	
第二周							
第三周							
第四周							
第五周							

1. 要以月为单位做计划，首先需要对最近的待办事项进行回忆和整理

将你最近一段时间想要做的、需要做的事项列一个清单，这就是你要安排日程时的参考资料了。

要注意的是，千万不要怕事情小、占用的时间短就不去写，你可以尽可能多地将你想要做的事情写出来，大到完成一个项目，小到看一场电影，都可以列入其中。只有写下来，你才不会忽略它，我们可以暂时不去做，但不能不将它列出来。

2. 按照事项的紧急程度，给它们排序，将下个月要做的事先筛选出来

对我们来说，每个月能做的事是有限的，可能你的计划列的有些多，一时完成不了，没关系，这时就按照"四象限法则"，对事项进行排列，把重要的、紧迫的排在前面，在下个月优先完成。

然后，你就得到了一个下个月的待办事项计划，当然，这只是最原始的计划，在真正实施的时候肯定要进行修改和整理。

3. 深入地分析下个月的待办事项，将它们大致地安排到每个周甚至特定的日期中

此时，我们可以做一个月历表格，将每个事项拆分开进行简要的安排。

有些事项是不必写在月历表中的，如"下个月要背诵 300 个单词""每天锻炼身体半个小时"，这样的计划是非常明确需要每天做一部分的，就可以单独写在一边，不必填在月历表格之中，之后只要将其写在日计划里就可以了。但有的事项是需要进行简单安排的，比如"下月第一周举办促销活动"，促销活动的不同流程可以分别写在月历表对应的日期下，比如周一搭建展台、周二准备产品等。

还要注意的是，这样的月计划表不必写得非常明确，因为我们每天都有单独的计划表，只要能让自己一目了然即可，所以，可以按照"3W"的法则去写，当然，此时的"who"就可以替换为"where"了，因为这些都是你自己的任务，不必再点明责任人。

记录下何时、何地做何事，一个简单的事项安排就有了。除此之外，我们还可以将月计划里特殊的日子标记出来，比如"11 号要去出差""27号过生日"等，发挥其月历的效果。

这样制作出来的月计划虽比较粗糙，只有大略的安排，不过好处是将所有需要做的待办事项都写清楚了。这样，等到我们记录每天的日程时，只要参考月计划来做，就绝对不会忘记重要事务，更不会浪费我们的时间，觉得"无事可做"。

§PDCA 管理循环法

　　在时间管理过程中，一个重要的概念是"PDCA 循环原理"，通过贯彻这一原理，领导者可以顺利优化企业或团队的效能，让工作流程更加简单，使效率提升，也让自身对效率的理解更加深入。

　　"PDCA 循环"，顾名思义就是"Plan（计划）-Do（执行）-Check（检查）-Action（调整）"，不管我们在什么领域进行工作，都需要经过这四个流程。只要能够将高效的理念贯彻到"PDCA"的环节当中，你的整体效率就能得到提升，你的时间管理理念将会更清晰。而用这一概念去管理团队、建立企业精神，你会发现效率至上的风气将会影响所有人，而不仅仅是自己的事情。这样一来，管理者就可以通过指标、规划和章程，将自身的效率意识投射到整个工作环境中，以确保所有人都能以高效的方式工作。

PDCA 效率循环

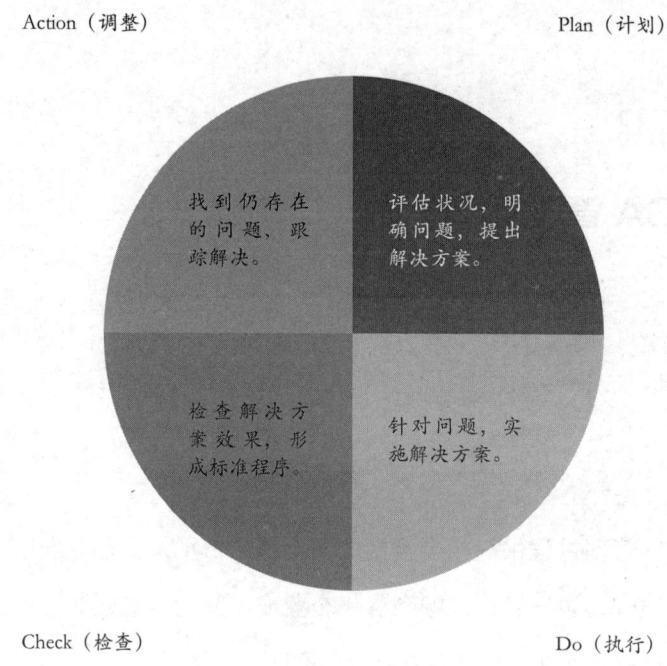

Action（调整）

Plan（计划）

找到仍存在的问题，跟踪解决。

评估状况，明确问题，提出解决方案。

检查解决方案效果，形成标准程序。

针对问题，实施解决方案。

Check（检查）

Do（执行）

　　在我们所推荐的时间管理法则中，第一个关键词就是"P"，也就是"Plan"的意思。所以，学会管理时间的第一步，就是会做计划。做事情如果没有一个好的计划，预先没有准备与安排，注定会在执行的过程中出差错，白费些力气就不提了，更加悲剧的是直接导致事情的失败。

　　排在第二需要关注的就是"Do"，顾名思义则为执行力。要实现对自己时间的高效管理，一定要注重提升执行力，一切计划都需要落实到执行上才算真正变现、转化，如果只有计划而缺乏执行力，无异于纸上谈兵，都是虚假的。

一定要记住，想到就去做，执行力才是一切。如果你不会做计划，只会闷头做事，效率可能不高，但因为你执行了，所以做多少就有多少的效果；如果你很会做计划，但不会执行，即便你的计划再优化、再创新，最终还是转化不出成果。所以，相比于不会做计划的人，我更在意那些不会执行的人，他们才是高效管理过程中最大的问题所在。

执行力才是最重要的。没有人看你说什么，他们只会看你怎么做！记住，没有什么比去执行更重要。

在 PDCA 循环中，不同的环节有着不同的效用，"Check"的效果就是可以帮助我们检查前面方案的实施效果，如果有效解决了问题，那么就可以形成一个标准程序，如果没有有效解决，那就意味着需要进入"Action"环节，跟踪解决问题，然后重新循环"PDCA"的过程。

可以说"Check"的过程是很重要的。对于团队来说，经常检查自身工作，可以很快速高效地找出潜在的问题，减少工作的错误率，让效率自然得到提升；对个人来说，有了"Check"的过程作为监督，就会感受到来自侧面的压力，做事时会更加注意、认真，从而自觉减少错误，自然也就少了很多不必要的修改工作，也会变得更加高效。

所以，我将"Check"，也就是检查环节当作是时间管理的动力结构，没有检查监督，就很难产生提升的动力和需求，有了检查才会发现问题，才会想要调整并变得更好，这就是保持高效的秘诀和动力。

在"PDCA 循环"过程中，"Action"往往会被放到最后，当前面的一系列工序完成后，我们通过检查，找出需要优化和调整的内容，并对此进行改进，这才算是做完了一整套循环。之所以叫作"循环"系统，是因为这个流程是周而复始的，当你进行了优化调整，并不意味着你的方案就是完美的，而是要再去进行下一轮的"PDCA"流程，在实际工作当中验证你的方案。

我们的大多数工作都是这样进行的，养成了这个流程习惯之后，首先你的思路会更加清晰，当拿到一项工作后，知道自己什么时候该做什么事，也知道遇到问题之后应该怎样去调整，接下来又如何规划；其次，这样的流程不断循环，我们可以找到一条最正确的道路，每一次的优化调整，都是让下一次的方案变得更加完美，你会发现自己的工作去芜存菁了，呈现出来的效果越来越好，而你自己也在不断进步，你的时间也得到了最大程度的节省和科学利用。

所以对管理者而言，想要带领团队养成好的时间管理习惯，就一定要强调"PDCA 循环"法则，并且真正周而复始地将它运用在我们的工作中。

1. 制订详细的计划

制订详细的实施计划，就是"Plan"的真正主体。但一个计划绝对不是有了目标凭空生成的，比如你的工作目标是"给城市居民设计现代公园"，你不能不做调研、一拍脑袋就去画，这样自以为是，往往不能符合人们的真正需求，可能最后就会是看起来还不错、实际上毫无用处的设计，是白费功夫的工作。

这时候，设计师最常做的一件事就是去调研、去采访，实地探索了解客观环境和居民的主观需求。这就是计划过程的第一步——调查并发现问题。

只有找到问题，才能分析并解决，事实上我们的工作都是这个流程，管理团队也好、实际工作也罢，都逃不出这个圈。而低效的原因，就是这个流程不清晰，所以跌跌撞撞乱试一通，才找到有用的信息。但有了流程，你就能知道下一步做什么。

比如分析完，找到了关键因素，那就根据关键点来制订详细的实施计划了。这个过程，会围绕关键点来做，这样才不会舍本逐末，做到利益和效率最大化。

2. 贯彻落实每一步

把简单的事情做好，就是不简单。再大的计划也需要一步步完成，如果好高骛远，只想着做大事而不关注简单的工作，一定无法真正学会执行。

即便是能够改变行业、改变人类未来的大项目，在真正执行的过程中也都是由简单的小工作组成的，所以提升执行力的重要一点就是要有做好每一件小事的概念。记住如果你能每天都做好简单的工作，就已经是一种非常难得的成功了，不要总想着做出一番大事业或者挑战高难度，真正懂得执行的人，往往就是那些将小事做好的人。

大多数令人惊叹的成就，往往来源于这些小事的累积，不好高骛远，才是一个具有执行力和懂得高效工作的人应该有的观念。

3. 评估你的工作是否有效

"Check"之前，你对方案是不是有预期效果，以及之前设定的目标能不能完成，其实是没有直观认识的，所以需要通过检查才能得出结果。在这种情况下，我们可以将实践之后得到的数据与预期结果进行比较，以查看相似性和差异，同时，还应该评估测试过程，以查看在规划阶段创建的原始测试是否需要更改，这些检查可以帮助我们找到方案中有没有需要改进的地方，进而更好地决定下一步的工作。

4.优化调整，处理好发现的问题

经过了前面几个环节的工作之后，我们往往会在实践当中检查出一些问题，这些遗留问题就应该在优化调整环节得到解决。要注意的是，一个"PDCA循环"很难将所有的问题全部解决，所以我们应该集中精力解决那些最重要的、当前阶段可以处理的问题，然后在下一个PDCA的循环当中，去解决其他问题。你会发现，这样一个循环是呈螺旋形的，效率就在这一循环当中不断螺旋上升。

第二辑

学会时间管理，能带给你意想不到的价值

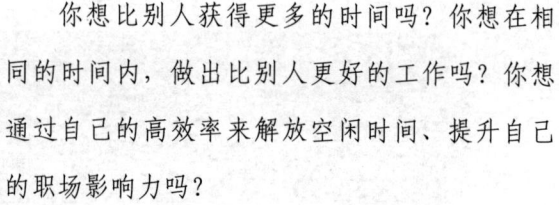

　　你想比别人获得更多的时间吗？你想在相同的时间内，做出比别人更好的工作吗？你想通过自己的高效率来解放空闲时间、提升自己的职场影响力吗？

　　面对这些问题，大多数人的回答是"Yes"。所以，我们应当学会一些时间管理的小技巧，真正做到了解时间、会利用时间，并能够在管理时间的过程中将自己的工作和人生打理得越来越好。一个懂得时间管理的人，往往也会成为一个管理者或者领导者，因为他们能用更合理的方式去安排自己和团队的工作，让效率意识深入团队，所以一定能成为优秀的管理人才。既然如此，还不快点去了解一下时间管理？

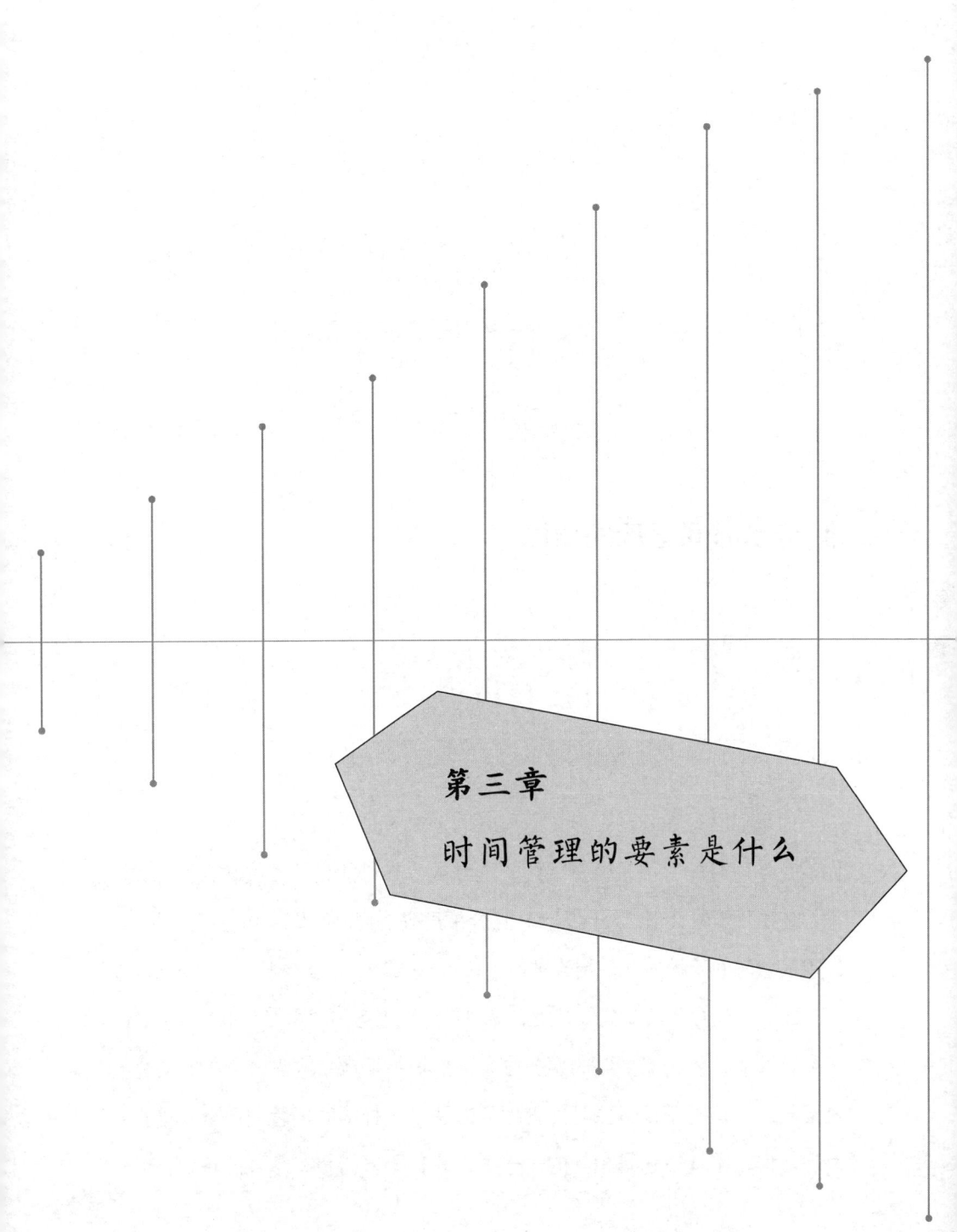

第三章

时间管理的要素是什么

§ 走出时间管理的误区

　　如果你已经在公司工作了一段时间，或者是参加了一个培训课程，你就会发现时间管理是很重要的。这时候，你可能会开始关注自己的效率，比如开始做计划、做日历，并且分析过去一周的时间是如何利用的，发现浪费时间的地方并试图改进。

　　比如，你会将活动分成几类，将"紧急"事务与"重要"事务分开，将与这两者"无关紧要"的事务分开，然后按照顺序先做紧急的、再做重要的……这些都是一些时间管理的方法。这样的时间管理研究可能很有趣，但结果往往总是相同的——如果我们不坚持贯彻落实的话，再好的方法也很难发挥作用。

很多人在学习时间管理法的时候，会注意规划自己的时间，但是一旦回到工作岗位，就立刻恢复到了过去的状态中。事实上，一些关注过时间管理的人很多都这样反映——他们理想的状态非常高效，但每天还是会花费很长时间用于处理办公室周围的日常事件和紧急事件，而没有足够的时间思考和规划长期项目，他们花很多时间阅读电子邮件、回复即时消息、通电话，以及进行"只需一秒钟"的购物，却花费半小时在浏览和选择上，更不用说无休止以及通常毫无意义的会议。

我们知道这一切，但为什么不改变这种状态呢？

问题在于我们的方法不对，这是一种时间管理的错误概念。时间管理计划通常重视关注提升个人生产力，分析你如何花时间。这一切都很好，但它忽略了一个基本的事实：当你处在一个低效的环境中的时候，自己的高效是很难坚持的。

所以学了那么多时间管理的技巧和方法，你却还是很难在工作状态下将其贯彻落实，这也是为什么，当你结束了时间管理的学习和尝试之后，一旦开始在工作中实践，就很容易回到旧的、没有生产力的节奏。不是因为你不同意时间管理专家的分析，而是因为你回到了正常生活，正常的状态就是这样。

作为有时间管理需求的人，我们首先应该改变的不是自己的时间管理思维和工作方法，而是先促使周围的环境改变，让整个团队都有时间管理的意识和概念，并且按照时间管理的模式去工作。只有这样，我们身处在这个环境中才能实现长时间的高效。

想要走出时间管理的误区，需要我们从以下几个方面切入：

1. 让领导者有时间管理意识

为了真正管理好你的时间、生活和事业，你需要在自我管理方法上做出新的改变，但也一样要保证有一个好的环境，这样才能落实时间管理理念。

因此，也需要团队或者企业的领导者有时间管理意识。一个员工要做什么，往往取决于他的老板想让他做什么，所以一定要让领导者也有科学的时间管理态度。

我们的目标是在老板想要（或可能需要）自己做什么，以及我们认为自己应该做什么之间实现一致。因此，改变领导者的想法也很重要，如果你是一个员工，你可以提出好的建议；如果你是一个领导者，在改变员工时间管理方法之前，你自己先要对其有科学的认识。

高效率的一切都始于拥有一个积极的和支持我们去尝试的老板，身为领导者必须有成功的时间管理概念，如果没有，很可能就会给团队中的每个人带来负面影响。许多潜在的伟大事业之所以停滞不前，很多时候不是因为个人的努力不足，而是因为一个未能发挥影响力的老板，他未能展示自己的价值和团队成员的价值。

2. 明确你的真正需求

让我们首先消除一个常见的误解。很多商界人士都认为"满足老板的需求"意味着要完全按照老板的要求去做，其实，这完全是一种错误！这种假设是头脑简单且不准确的，它导致很多中层管理人员专注于按照老板说的去做，而不是满足任何人的实际需求。

真正的"向上管理"需要对人类需求进行更严肃和微妙的分析，首先要认识到需求有两种形式——显性需求和隐性需求。

　　显性需求很容易理解。它们可以在公司或部门颁布的战略计划中说明，或者当团队聚在一起进行会议时，管理者往往就会提出来。它们可能听起来像这样："我们需要在国际上拓展业务！""我们需要快速雇用两名设计师，因为我们将在今年的某个时候让秋季产品线进入商店。"

　　隐性需求更加微妙，人们不会谈论它们，有时候甚至都不知道自己有这样的需求。大多数时候，如果面对这些需求，人们还会否认。举个简单的例子，当领导者某段时间对大家的工作抓得比较紧时，他也许是想保持部门在他不在的时候可以正常运行，这样他就能连续十天去度假，而不必每两个小时给办公室打电话，确保这里不会有问题。就算他们有这样的想法，怎么会说出来呢？如果你提出来的时候，说不定他还会否定自己想去度假的想法。

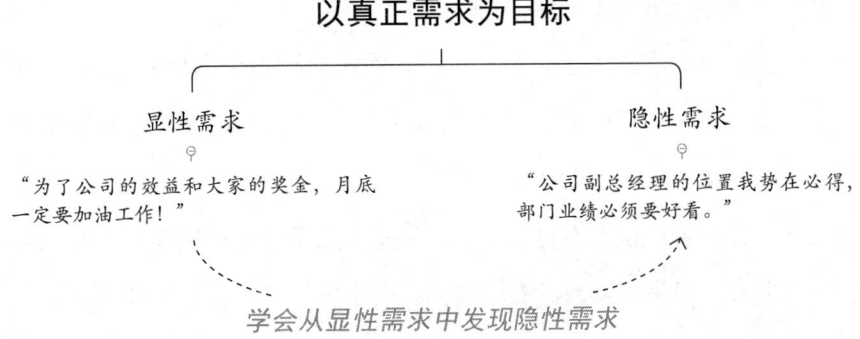

学会从显性需求中发现隐性需求

　　你的老板必须确信你的工作符合他的最佳利益，并且你有能力提供他所需要的东西（明确地和隐含地）。一旦失去了这种信赖，你就会发现领导者变得非常麻烦，甚至会给你"找事"来降低你的效率。比如，上周老板只是设定了一个目标并让我们自由地执行它，但之后他突然想要对我们本周每个阶段的工作都进行审查，有时候就是因为他对我们失去了信心。这就导致我们的工作一下子变得麻烦起来，需要花费大量时间在应付老板的检查上面。

这种隐性需求往往是随机的，由情绪和环境引发，但不要认为它们是微不足道的。隐形的需求永远存在，十分顽强，并且可以用一种令人敬畏的速度来让你否定显性需求。

记住，抓住人们心中的隐性需求，你才真正找到了工作的方向。明白隐性需求和显性需求是什么，可以帮助你更好地安排自己的时间，让自己的时间和精力都用在正确的地方。大多数时候，一个人的工作完成得很好，往往不只是完成了表面的显性需求，还兼顾了未曾开口的隐性需求，这才是一种高效的体现。

明白需求再去工作，就能很好地避免效率浪费的问题。

3. 不要注意形式，而是关注结果

时间管理不需要注意形式，更重要的是关注结果。有些人太过在意形式，在意管理的技巧是否落实了，反而没有注意到时间管理的效率其实并没有提高，这就是一种本末倒置。

好的管理者让技术为自己服务，只有照猫画虎的跟风者才会始终跟在形式后面，只学到形而没有学到神。真正要管理好自己的时间，就一定要找到最适合自己的方法，哪怕你的方法和别人推崇的不太一样也没有关系，只要结果是好的就可以。

要找到适合的方法，就要多去尝试不同的时间管理法则，然后在实践中找到最有效的。

§ 时间管理的六个原则

时间管理已经成为一个备受关注的词汇，但是怎样才能算是真正高效的时间管理模式呢？在时间管理的理念体系当中，也有几个基础原则，当你遵循这些原则去工作并规划自己的时间时，多多少少都能够看到效率的提升。

这些万能原则是时间管理者都应该去关心和学习的，当你想要提升效率时，也应该时刻注意自己的行为满足这些原则，否则就很容易出现效率低下的问题，这就是时间管理不科学的体现。

时间管理的六个基本原则是：

1. 明确工作目标

在提升自身的工作效率之前，你首先要知道自己为什么要做这些工作，你做这些工作要达成的目标是什么。一个人如果有了目标，接下来的每一步就都有了规划，你可以更加清楚地认识到，每一个阶段应该做些什么，并且据此来规划自己的时间，让自己的时间管理变得更加科学。

很多人在工作之前并没有一个清晰的目标，所以是做到哪里算哪里，这就导致时间规划很不合理。明明这一天中可以做完更多的工作，但由于缺乏目标指引，所以时间安排就比较松散，大量的时间都浪费在了浑浑噩噩的休息和发呆上，很难做到高效率。而大多数时间管理的方法都有一个前提，就是要有明确的计划，如果没有计划，就很难去安排你接下来的工作时间和工作节奏，因此工作计划首先要有一个工作目标，有目标是非常重要的，也是一切高效管理的开始和出发点。

近些年，优衣库作为快消服装品牌的崛起，让人们看到了服装市场背后还能继续发掘的巨大空间。优衣库能做到如今的规模与体量，到底是依靠什么方式呢？我认为，目标明确且始终贯彻落实自己的目标，这是优衣库能够保持初心，走到现在的重要原因。

优衣库的一个特点就是注重品质，哪怕是低廉的价格，也一样要做出优秀的品质来。为此，优衣库的 CEO 柳井正在大众面前有一个相当"不好"的形象，那就是过于"狠心辣手"。在日本，优衣库的工厂因为要求太高、工作压力太大，至少有一半员工都会在入职的三年内辞职，这种情况在日本是很少见的，所以他们又将优衣库企业称为"黑心工厂"，可见老板在大众眼中的形象也不会很好。然而这一点对于消费者来说，又是一种绝对的益处了。

优衣库的员工之所以压力大，正是因为公司对产品质量的要求太高，即便是在以细心严格闻名的日本人中也是数一数二的，似乎达到了"变态"的级别。举个简单的例子，一般情况下工厂的产品次品率应该保持在 2%～3%，也就是说次品的量不能超过总量的这个比例，否则就是不合格的。而优衣库则不同，他们的要求是 0.3%，可见他们对生产线的要求是什么标准了。而且，优衣库的次品率低并不代表他们评判次品的标准也跟着下降了，事实上他们对次品的判断更加严苛，要是一件长袖衫的外侧能看到线头，哪怕只有不到一毫米，这也算是次品了。

这样的要求，是不是让你觉得惊讶又"变态"呢？也难怪优衣库的员工总是干不下去要辞职了。可正是因为他们的严格要求，才能呈现出极端品质、质量的产品给消费者。

这就是优衣库"品质为王"的策略，他们的产品也许外观不够锋利，但是从服装的角度着眼，这种高质量本身就是"锐利"产品的特点之一。你会发现，当企业将这个目标作为发展目标并始终坚持的时候，就算做到这一点真的很难，甚至让优衣库的工厂"黑心"名声在外，但最终还是能够实现这一目标。这就是优衣库的企业管理精妙所在，有一个明确的目标并且从未动摇，最终才能打造出这样一个令人信赖的品牌。

2. 学会有计划、有组织地进行工作

有了目标之后，你就要根据这个目标，对自己的工作进行安排，列出一个详细的计划，然后按照计划来分配时间，这样工作起来才更加有条理。学会梳理自己的工作计划和组织自己的工作内容，对时间管理者来说也有着非常重要的影响。因为你会发现，生活中的大量工作都是比较烦琐的，如果不去进行适当的组织，将它梳理得更加清晰和有条理，

你就会产生无从入手的挫败感，这很容易让我们在工作时产生抵触心理，效率自然而然也就下降了。

如果你有一个远大的目标，却没有实施的计划，就会发现这个目标无疑是天方夜谭，因为很难从自己的想象中落实到实践上。目标就像是一个灯塔，而计划是载着你驶向灯塔的船，没有目标会失去方向，但仅有方向也不行，还要有执行的途径，这样才能达成目标。

3. 分清事务的轻重缓急

前面我们在介绍各种时间管理原则的时候曾经讲过，"四象限"工作的原理就是通过分清事项的轻重缓急，并对其进行排序，然后从最重要最紧急的事务开始进行，这样才能保证我们将精力放在最重要的地方。

其他的效率原则中也多少都体现出了这一理念。当你面临两件花费同样时间的事情时，如果其中一件事的重要性远超过另一件事，大多数人都会选择更重要的那件事去做，因为这样的投入和产出比最高，效率也是最高的。但真正放在生活中，当我们要做的事变多了，这个简单的选择往往会变得模糊，你很难将自己的精力放在最重要的事上。要避免出现这些问题，就应该通过主动的划分去分清事务的轻重缓急，然后着手开始做。

4. 合理分配你的时间

合理分配时间非常重要，这体现了你的工作节奏是否合理。有的人在设定计划的时候，并没有认真思考所规划的时间是否合理，导致有些工作紧赶慢赶，往往都不能按时完成，而有些工作则可以慢慢去做。即便如此，还是会有大量的空闲时间被浪费，那为什么不能张弛有度地安排自己的工作，保证任何时候都能以一定的效率去完成手头的任务，既不劳累也不浪费时间呢？

我们应该意识到要合理分配时间：在进行时间管理的时候重视时间分配的科学性，根据自己的需求来安排时间。其中特别要注意一点，就是我们一定要对自身的能力有充分的理解，既不高估也不低估自己，这样才能保证真正的合理。否则对自己的错误认识，很容易让我们做出错误的判断，导致时间分配与自身需求不相符。

5. 与别人的时间进行协作

很多时候，我们的时间安排可能要取决于别人的需求，比如一些与他人有合作交流的事项，不仅要看我们是否有时间，还要看别人是否有时间。协作一旦安排不好，就很容易浪费彼此的时间，导致效率低下。

举个简单的例子，两个企业要进行一次项目合作，前半程工作由 a 公司来负责，后半程工作由 b 公司来负责。那么在 a 公司真正结束手中的工作并检查完毕之前，b 公司就算准备得再充分，也无法投入到项目中去，且一旦与 a 公司无法协商好交接的时间，就可能导致有段时间空白，最终被浪费。

还有的时候则面临另一种问题，合作双方可能需要见面交流，但因为彼此的时间安排都不凑巧，无论如何都找不到见面的合适时间，这不仅容易延误合作，还容易导致双方为了会面而空出大量时间。

这些都是在合作当中，因为时间不协调而容易导致的问题。所以我们不仅应当重视自己的时间管理，更应当注重在合作的过程中，与别人的时间进行协调。可以在合作之前就询问好对方合适的时间，选择双方都合适的时间提前预约，这样我们在做计划的时候就可以将冲突的时间考虑在外，而充分利用其他的时段。如果是可能突发的问题，可以专门留出一些不太重要又琐碎的工作，在等待合作的空闲时间里穿插进行，这样也可以提升我们的时间利用率。

6.严格遵守自己制定的时间规则

时间管理的最后一个重要原则就是要严格遵守自己制定的规则，当你对自己的时间进行安排时，想要保障执行力一定要有遵守规则的意识，否则你很难保质保量完成自己的规划。

其实很多时候，我们的规划和对自己的时间管理都需要自觉去履行才能实现，自控力和对规则的遵守意识，是确保这一体系能够真正实现其意义的基础。很多人虽然规划得非常好，但在实施的时候却总是无法落实，就是没有遵守规则的意识。

只有在满足了以上六个原则的基础上，我们的时间管理法则才能够高效运行，并在我们的工作和生活中产生积极的效用。

§ 如何避免浪费你的时间

大多数时候，我们其实很忙碌，却并没有得到一个很好的结果，相反大量的工作都被证实是无用的，我们好像一直在浪费自己的时间……

在这种情况下，你一定要注意去做有质量的工作，这才能避免浪费我们的时间。

最近我遇到了一位对自己的工作充满热情并且擅长工作的有能力的高管。他在工作中采取了很多的举措、投入了许多的精力，但到年底时，人们并不真正地了解他到底做了什么，有什么成就。人们往往只知道，这位高管的确已经做了"一堆东西"，但他忙碌的成果是非常模糊的，很难令人记住。

这让我非常感慨——他的工作的确是繁忙的，但也在浪费自己的时间，因为没有一样工作真正体现出他的价值和意义。

在史蒂夫·乔布斯回归之前，这就是苹果公司面临的最大问题。苹果在面对市场竞争时，选择的是"增加更多产品线"来解决问题，这一情况最严重的时候，他们拥有330种不同的产品。然而这一方式并没有让苹果公司变得更好，虽然员工们为了这三百多种产品忙碌工作，但差劲的业绩差点拖垮了苹果。

1997年，乔布斯重回到当时濒临倒闭的苹果，他回归后所做的第一件事就挽救了这个品牌，那就是精简生产线。在刚回到公司时，作为CEO的乔布斯甚至还会被自家产品的混乱生产线搞得一塌糊涂，这让他十分恼火——如果连公司的领导者都搞不清楚不同型号之间有什么必然的差别，消费者又怎么会弄明白呢？或者说，消费者有充足的时间和耐心去弄明白吗？

一旦不能把信息良好地传达给消费者，你就无法让他知道你的产品有怎样的优越性，就算产品做得再好，在消费者那里也难以形成一个深刻的既定印象。于是，乔布斯进行了大刀阔斧的整改，将所有不必要的产品线都进行了合并和舍弃。

这种精简到了什么程度呢？当时苹果公司主攻电脑市场，精简后全公司的产品线加起来只有四条——也就是说，每一次研发出新品，他们都只有四个不同型号供消费者选择，分别是专业版的笔记本和台式机、普通版的笔记本和台式机。

乔布斯一直坚持这样一个理念——消费者并不知道自己要的是什么，

所以我们要把答案直接告诉他们。也就是说，尽量减少给消费者做选择的机会，把产品做到最好然后直接呈现在他们面前即可。事实上也的确如此，人们对笔记本其实并没有那么多细致的要求和选择，这样精简的产品反而更容易给人们留下印象，就像一说起 iMac，你就会想到苹果近几年刚推出的产品和它们的特色，但我要说起联想笔记本、三星笔记本呢？是不是在你眼中的形象是比较模糊的？这就是精简生产线、将每个生产线做到极致的好处。

在做手机的时候，乔布斯也坚持了这个理念，将生产线做到极简，手机的生产线干脆只有一条。作为一年只推出一款手机的厂商，苹果还能够在手机市场上占据第一位的份额，可见这个爆款的力量到底有多么强大。而在买家心里，购买手机、电脑也变成了一件简单的事情，只要观看一下发布会、对刚发售的这个型号进行简单的了解，他们就能说出好处在哪里、吸引自己的亮点有什么，知道自己的钱到底都花在了什么地方。不管买家说的是否也是你的想法，这样一目了然总是好的，消费者的选择自然也就明确了。

苹果在生产线上的简化，也是对产品质量要求高的一种表现。因为每年都只能推出少量的产品，也就是要以"单品"为王，那这个切入点必须要足够锐利，所以他们必须保证每年都拿出极致的、让人满意的产品。这就促使苹果专一地去打磨产品，把少量的产品线提升到最好，而不是将精力和资金浪费在过多的垃圾产品线上。正是这种专注，才让它总能给我们带来惊喜，即便有时也会让人稍许失望，但整体还是瑕不掩瑜的。

从苹果公司身上，我们可以明白一个真理——人们不会关注你做了多少数量的工作，人们只会关注你有质量的工作。

我之前认识的那位高管，他就是陷入到了一个浪费时间、无效忙碌的错误状态里了。他的确一直在工作，但工作数量并不代表质量，拿不出高质量的工作成果，其实就是浪费时间。后来他跟我联系，希望我能为他公司的人举办一个相关的研讨会，以提升工作效率，虽然我暗示过他这个提议可能并不会产生很好的效果，但他并没意识到，甚至还想推出其他五个研讨会。他对这一切充满热情，显然是想很认真去学习的，但是尝试了那么多方法，他却只取得了十分微小的成果和进步，显然跟投入是不成正比的。

我对他的建议是，应该更有选择性地去工作，我们应该在合适的时间以正确的理由去做应该做的事情，而不是尝试做所有事情。通过做更少的事情，我们反而可以把事情做得更好。

如图所示，当我们专心做一件重要的事情时，也许产生的成果是其他所有事加起来都不及的。

××年某部门年终奖组成

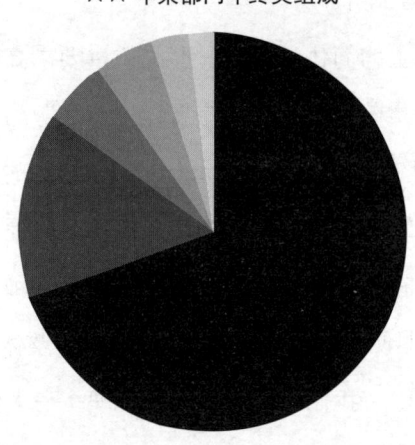

■ 两项国家技术专利 ■ 业绩达标 ■ 公司模范标兵 ■ 研修学习 ■ 特殊表彰 ■ 参与各种公司活动

如何做到避免浪费自己的时间呢？很简单，你可以从下面几个角度去看：

1. 好的东西一个就够了

去做最有意义的工作，哪怕这样的工作只有一件，也足够了。那些没有价值和意义、没什么特点不被人记住或者产生不了影响力的工作，你再勤奋努力去做也是没有什么效果的。将时间浪费在这些事情上，几乎就是在浪费你的生命。去关注有意义的事，这才是最好的珍惜时间、高效利用时间的办法。

你的工作一定要有价值，只要足够好，哪怕你的任务只有一个、工作并不忙碌，也一样可以创造出很高的价值。

2. 该拒绝的时候就拒绝

我们经常在一些无谓的事情上浪费时间，很多时候不是因为我们不懂得选择有价值的工作，而是别人提出了这种请求，让我们无法拒绝。在这种情况下，你应该学会拒绝别人。

可能对于很多人来说，想象一下对一位高级领导说"不"，是十分可笑的。他们有充分的理由担心，这种直率反应将成为自己未来职业发展上的阻碍。然而，你一定要记住适当的拒绝是提升效率的关键法则，如果你是一个来者不拒的人，不仅你的领导会给你指派一些没有什么效益和价值的工作，你的同事也会用这些事情来打扰你，这会让你的效率提升之路变得更加艰难。

3. 在新环境开启新工作

有时，我们长时间在一个环境中工作会产生倦怠感，这时你可能会花更多时间来计划假期而不是计划自己的职业生涯。解决这个问题的一个方法就是安排一个季度的异地工作，这样我们就会因为环境的变化而产生极大的新鲜感。

你还应该花几个小时来思考更大的问题："如果我在接下来的三个月里只能完成三件事，我应该做些什么呢？""五年后我会去哪里？"当我们不花时间提出这些更具战略性的问题时，就意味着我们的职业生涯将停滞不前，只有不断挑战新的环境，我们才能始终思考和前行，保持高效率。

4. 坚持你的目标

我有一个朋友曾经挑战过攀登珠穆朗玛峰，曾经我认为这是一件不可能完成的事情，但是他做到了。

他说："一个人最强大的自信来源于相信你自己可以达成目标。此时，当你有目的地去做，一切都变得有可能。"所以，一定要坚持一个自己的目标，哪怕目标看起来很遥远，你也有机会达成。

§ 更少就是更好

时间管理其实就是一个原则——更少就是更好。

当我们点开微信，看到公众号通知中的一排小红点，心中会不会有些焦虑？当我们点开邮箱，看到未读邮件中充斥着的各种会员广告、优惠折扣、新产品推荐，心中会不会有些烦躁？当我们打开钱包，翻找一层一层的会员卡，心中会不会有些郁闷？

曾经我同时关注了十几个同一类型的公众号，那种每天醒来被大量信息扑面的感觉，真的不要太酸爽。那时的我还是一个不会穿搭、素面朝天的大学生，自从微信自媒体流行起来，我便一发不可收拾，通过各

种推荐，关注了十几个介绍穿搭技巧、美妆护肤的公众号。刚开始，我
还会认真做功课，把每一篇推送都认真研读，七七八八也记下了很多技巧，
但这些内容是琐碎又零散的，每天要花去我大量的时间。

慢慢地，我再没有耐心与毅力将每一篇推送认真读完，而是完成任
务一般，把它们统统点开，从上快速滑到底，有时候只草草浏览配图便
关掉文章，仿佛这样就能从中学到什么一样。到了这样的阶段，我知道
自己已经没有耐心去深入接收信息了，但为了安抚心中的焦虑抑或是给
自己一种心理安慰，我依然舍不得取消关注多余的公众号，还是每天机
械地迎接推送的小红点，再机械地点掉小红点。我总是固执地认为，只
要我还在接收信息，就总有用到的地方，可是在这个过程中，我的穿衣
与妆容并没有显著提升，反而因为这些推荐，种草了一大堆没用的化妆
品、衣物鞋包。

直到我走出校门，走进职场，因为工作要求，我的穿衣风格需要统一，
这时候才开始有针对性地培养自己的搭配技巧和化妆技巧，以适应不同
的工作环境。在这样的过程里，我的审美和品位反而得到了显著提升。

现在我依然关注着许多公众号，却都是精简、筛选过的我最需要的
类型。我并不排斥利用这样的方式获得信息，但我不会再让这些内容花
去我大量的时间，也不会再被其中零星的观点左右。

如今人们越来越重视对自我修养的提升，并找来各种书籍、文章，
学习如何利用琐碎时间自我提升，如何管理自己的时间，如何成为更好
的人……可往往我们会陷入这样的怪圈：看完文章后热血沸腾、斗志满满，
但回归真实生活后又被无数冗余混乱的事情困扰，常常疲于奔命却又碌
碌无为。而这些亢奋、热血的理念、做派就像兴奋剂，只能给人一时的

刺激。

你有没有想过，也许正是这样盲目寻找，被无数大量却无效的信息推搡着前进的过程，才是最没有效率、最浪费时间的过程。

不如放弃"我什么都可以做到"的盲目自信，精简你的生活和工作。精简生活，把生活中不必要的琐碎事情放下；精简工作，有时候意识到什么工作可以不做,比知道什么工作需要做更重要。要知道把握核心因素，更少才是更好。

生活的哲学在于取舍，人们总认为要有所得才不枉人生这一回，得到的越多才越快乐，于是他们在前行的过程中不断地攫取，不断地索求，汲汲营营中往往失了本心，丢了灵魂。直到某一天才忽然发现，自己已囿于生活的压力动弹不得。

面对多项选择，面对取舍，很多人的第一反应是："我怎样才能尽可能多地获得"，而这样的思考往往就会带来纠结，而纠结就会浪费时间，最终纠结的结果往往还是"哪个都想要，哪个都舍不得"。人人都知道鱼与熊掌不可兼得，但大部人在面对"鱼"与"熊掌"时，想到的还是"兼得"。

但当我们换一个思路，从最初面对选择时，就思考"我要的是什么"，是不是就可以让问题简单许多。只选取自己最需要的、最精华的部分，往往会带来更加有效的结果。

把握住这个原则，让我们回归到生活中更具体的例子，会发现很多一团乱麻难以处理的问题，也变得简洁、明朗起来。

如何做到更少即更好、简单高效地生活和工作呢？

1. 不要浪费太多时间在碎片化信息上

前文提到的自媒体信息泛滥的问题，相信每个人都有深刻的感受。

无数的公众号如雨后春笋般，轰炸着你的神经，有时候看着一排排小红点，甚至产生了焦虑的情绪，其实解决的办法很简单，就是取消关注。

但是为什么做起来并不容易呢？其实是你的依赖心理在作祟。你依赖着信息被送到眼前的便利，你依赖着信息被碎片化处理的便捷，你早已忘记什么是检索、什么是寻找、什么是思考。这也是互联网时代的特征，信息过多、思考过浅。其实这些繁杂的信息中又有多少内容是有效的呢？

仔细甄别后可能会觉得并没有什么真正的"干货"，所以动动手指，把那些低质量的、没营养的公众号删除吧，还自己一个清静的界面。

2. 精简自己的爱好，让生活也高效

常听到有人抱怨，自己下班后的时间仿佛不存在，感觉什么都没有做，就已经到了睡觉的时间。明明兴趣爱好有很多，却没有一个能坚持下来，最后都是三分钟热度后不了了之。也许正是因为你的爱好太多，感兴趣的方向太多才会陷入这样的窘境。

精简自己的爱好，选择自己最有兴趣也最合适的项目，最好是与自己的生活现状相适应。比如，你因为看了某个视频而对滑板产生了兴趣，兴冲冲地买了滑板学习，却没考虑过居住的小区多是景观树木和花园小径，大路上人多车多并不适宜练习，且自己的平衡能力较差需要花费大量时间练习。像这样一时兴起的兴趣，最好还是不要，尤其是过多的爱好会分散你的时间、金钱、精力，让你不能专心挖掘某一种爱好的魅力与乐趣，什么都会一点却什么都不精通。坚持少而精的兴趣爱好，反而会有意想不到的结果，说不定会成为一项技能，在人生某个节点助你开启另一条道路。

对于快节奏生活的现代人，我们已经没有更多精力与闲暇来享受生

活了。想要提高生活品质，必然需要精简生活项目，才能扩充悠闲与安逸的时光。

3. 减少关注的工作项目，做好手中的事

当你在工作中觉得自己"这也能做到，那也能做到"的时候，往往意味着你只能做好其中的某一件。千万不要好高骛远，给自己制订过于繁重的计划或者让自己做过多的工作，只要做好手中的事就够了。按部就班去做，才是落实工作最好的态度。

只有这样，我们才能真正在"更少就是更好"的观念之中，学会解放自己的时间。

§ 效率论的错误认知

虽然很多人都说自己有追求高效率的想法，但对于效率法则，大多数人都会有一些错误的认识。较为普遍的情况是，很多人都将"完成许多事情"看作是一种效率极高的表现，认为在相同的时间段内做的工作越多，效率就越高。

然而事实真的是这样吗？这就是一个典型的对效率的错误认识。一个人的效率应该是成果除以时间的结果，越短的时间内创造出越大的成果，就意味着效率越高。但成果不等于完成事务的数量，更不等于你是否忙碌，只有真真正正做出有价值有意义的东西、得到高质量的结果，这才是好的成果。

所以一个真正高效的人，宁愿花更多的时间，将一件重要的事情做到极致，也不会追求在短期内完成许多事。与其说后者是效率高的表现，倒不如说后者让你享受到了一定的成就感和满足感，让你有了自己效率很高的错觉。但如果你所做的工作并不深入，重要性不高的话，即便你完成了许多事，也并不是高效率的表现。

这种情况在生活中十分常见，不久之前就有一个年轻的小伙子来跟我抱怨，说他的效率明明不低，但经理还是觉得他每天无所事事。于是我仔细询问了他每天都在做什么，他是这样跟我说的："我每天从上班就开始忙碌，要打印材料、安排会议、把各种麻烦的事项通知到人、验收项目……"

在他的描述中，他一天能够完成十几项甚至几十项工作，他的工作范围显得非常庞杂，似乎什么样的工作他都会做一些。于是我问他："这些都是你责任范围内的工作吗？"

小伙子犹豫了一下，摇了摇头。原来有些工作并不归他管，一是因为他在办公室里资历最浅，所以很多相对不重要的事情都交付给了他；二是他也想在经理面前表现自己，所以特别愿意主动帮助别人，所以才会有这么多的工作要做，工作内容五花八门。

的确，他每天都很忙碌，且做事麻利，但是快速不等于效率高，事实上，其中的大多数工作的重要性都不高，有的并不属于他职责范围内的事，还不能体现他的能力。相比之下，真正属于他的工作，他反而完成得并不是特别认真，因为他太追求所谓的"效率"了，总想展现自己的能力，因此总是把工作很快地完成。

然而这只是体现了他的工作速度，速度快不一定都能转化成成果，没有成果的工作，也就算不到效率之中。所以这就是小伙子每天都很忙，做事也不慢，却还是被经理批评的原因，他陷入到了一个效率的错误认知当中。

很多人关于效率的认识都是错误的，错误的认知会让我们采取错误的应对方式，最终导致自己离提高效率的目标越来越远，结果不仅不能提升自己的效率，反而会把自己的时间安排得一团乱。

下面我们就来纠正一下常见的效率论错误认识。

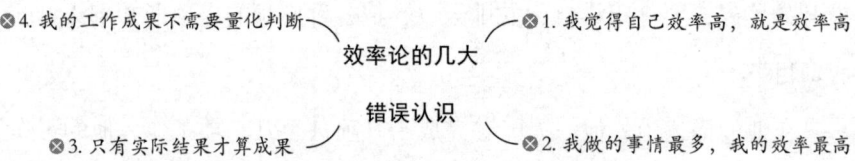

1. 效率需要衡量，而不是感受

要记住，效率的高低是客观衡量出来的，而不是你的主观感受，并不是说你觉得自己效率高，效率就真的高。当你想要衡量自己的效率时，首先需要对比，你需要对自己平时的效率有一个正确的认识，同时了解其他人做同样事情的普遍效率，这样你才能知道你的效率与其他人比是高还是低，现在的效率跟过去相比，是提升还是下降。必须通过对比，通过对效率有基础性的认识，你才能知道你的效率到底处在一个怎样的水平，进而才能有相对客观的判断。

判断效率高低应该是一种理性的认识，而不是主观感性的结论。如果你丝毫不考虑客观情况就贸然断定自己的效率高或低，其实是对自己的一种不负责，很容易让你因为这种错误认知而影响自己的情绪。

2. 效率是要通过成果来体现的，而不是你做了什么

不是说你做的事情越多，效率就越高，我们在判断效率的时候，更多的是看你做出来的成果，如果你能够在短时间内达到一个很好的成果，那说明你的效率是比较高的。如果你做了很多事，但是最终的成果却不那么令人满意，这并不能说明你的效率很高。

这种认识非常的直观——效率就是以结果为导向的。不管是个人还是团队都应该重视结果，以结果为唯一的目标去努力，过程是怎样的，别人并不关心，也不会成为衡量你业绩的标准，真正能体现你效率的还是工作成果，能够达成好的结果，比什么都重要。

3. 你的工作成果也可以是一种比较模糊的东西

很多时候，我们的工作成果都会展现为一些量化的数据，或者是比较直观的东西。比如你的业绩就是一种工作成果的体现，每个月的业绩越好，也意味着你的工作越有价值。别人对你的服务评分也可以成为一种工作成果的体现，一般服务评分高的人，在工作过程当中都会更加认真细致，而且富有亲和力，工作效果都是比较好的。除此之外，达成的一个项目，或者签订的一个合同，也可以成为你工作成果的一种体现。

还有些时候，工作成果也可以是一些比较模糊的东西，不一定非要得到别人的承认。比如当你给自己制订了一个计划的时候，只要你能在短时间内将其完成，就算是你的工作成果，这个计划不一定非要得到别人的认可，也不一定表现得特别直观。

4. 量化工作成果并不是功利，而是深入认识效率

很多时候，我会要求将工作成果进一步量化，通过一些数据来评价

自己的工作效率。这种量化有时候看起来像是残酷的业绩评分，让人忍不住质疑，难道有价值的工作就一定要评个等级吗？这种方式是不是不够客观、过于功利？

其实是否功利完全取决于你量化工作成果的标准，如果你在评价自己的工作时，将自己在某些时段内赚到的金钱多少看作是唯一的量化标准，那显然结果就是比较功利的，因为你一直在"向钱看"，但如果你也考虑到了这些工作对自身的影响、技能的提升等，那就相对来说更加全面。

之所以想要量化自己的工作成果，是因为这些直观的数据可以直接告诉我们，现在我们的工作效率。这样我们就可以深入认识自己的效率、掌控效率，保证自己越来越高效。

§ 思维决定管理效率

思维不仅决定管理效率，还决定管理成败。

我们来讲一个有趣的例子，你就明白不同的思维模式会带来怎样的结果了。

在一条著名的步行街上，两家甜品店同时开张了。一开始，两家店的生意都差不多，双方也都想从竞争中获胜，但怎样才能竞争过对方呢？肯定是多赚钱了。

左边的店铺老板想了个办法，那就是搞开业大酬宾，所有甜品一律五折，部分甜品第二件还有更优惠的折扣。伙计很疑惑，问道："老板，那咱们不就少赚了很多钱吗？"老板却说："你给了顾客实惠，顾客也会给你实惠。"

果然，这样优惠的折扣吸引了比过去多十几倍的顾客，虽然每份甜品的利润微薄，但老板最后赚到的钱反而更多了。

右边的店铺老板却不这样想，他对伙计说："放着该赚的钱不赚，对面那个老板是个傻子。"他不仅心疼自己本来可以赚到的钱不肯打折，还想以次充好：前一天做出的蛋糕，只要没卖出去他第二天继续卖。

店铺老板本想省一点成本、多赚点钱，但他这种斤斤计较回报的想法并没有真的给自己带来好生意。相反，他们家甜品价格贵还不新鲜的印象留在了顾客心里，去他家买甜品的人一天比一天少。

最后，右边的店铺关门了，左边店铺的老板买下了这个门面，将自己的生意越做越大。左边店铺的老板最后说："做商业并不意味着我们要斤斤计较每一分回报，尤其是创业阶段，赚钱不是必要的，大多数创业者都是在赔钱。此时要想的不是能有多少回报，而是我们的产品能为顾客带来什么，只有我们先展示出服务的诚意，顾客才能给我们丰厚回报。"

你看，这两家老板在经营店铺的时候，思维是不一样的。一个以更加友好、更适应市场的思维方式去经营，才能在短期内就快速吸引到顾客并使自己站稳脚跟，而另一个老板的经营思维则比较保守，甚至有些短浅，所以最终在竞争中失败。

思维就是有这样的重要性。所以，当你在苦恼自己的管理效率不够高的时候，不妨去想一想，是不是自己的思维模式有问题，从一开始对"时间管理"和"效率"的认知就不对呢？如果一直保持着一种不高效的思维，又怎么能实现高效管理呢？

就让我们来了解一下，时间管理上的几种思维模式，看一看在提升效率、管理实践上，我们可以如何思考问题、怎样切入问题。

1. 效率思维

时间管理的最基本思想是关于效率的。这是基于更快地做事的想法，在所有条件相同的情况下，如果你的效率可以更高，自然就能以更短的时间去做更多的事，这就是时间管理最简单的思维模式。

因此，当我们讲时间管理的时候，第一点就是用各种方式来提升效率，当你的效率提升到一定程度，自然而然地就有了更加充裕的时间，可以更轻松地做事。

但是效率思维也有一个问题，那就是无论我们多么高效，在今天这个时代，总会有人比我们能做到更多的事情。我们效率的提升是有上限的，人不可能以极端的高效去工作，我们总会面临极限，一旦出现这个问题，就很难解决。

所以，当效率提升到很难再提升的程度，我们就要换一个角度去看问题，用另一种思维理解时间管理。

2. 优先思维

时间管理的另一种思维模式是关于"优先排序"的。我们该如何安排自己的工作？每天先做什么、后做什么？有了这种"优先排序"思维，我们就会习惯于使用日程表和清单，以帮助我们安排好一天的工作，然后首先关注最重要的事情。

自二十世纪九十年代以来，"优先排序"的思维模式一直是生产力世界中普遍存在的思维范式，一直到现在，我们也仍然将"优先排序"作为我们大部分时间管理问题的"万能药"。可见，在大多数时间管理问题上，"优先排序"思维都可以处理并满足你的需求。

不过，虽然"优先排序"是一项非常有价值的技能，但它也有一个非常大的限制——你依旧在按部就班地工作，时间并没有变多，事情也并没变少。

没有任何优先事项可以倍增时间。所有"优先排序"都是一件事接着一件事去做，但它没有帮助你完成待办事项清单上的其他项目，也没有创造更多的时间。

3. 倍增时间思维

在当今出现了一种新的管理思维，那就是倍增时间思维。

对于一个领导者来说，也许他更需要倍增时间的思维方法。比如，当你发现自己的工作总是做不完，而其中的某些工作劳动技术含量并不高，这时你应该怎样做呢？

其实，不需要提升效率，也不需要去对工作进行筛选排序，你需要的是找一个助手。当有人替你完成一些不重要的工作时，你就可以从原本的忙碌中解脱出来，无形中一天的 24 小时就变成了 48 小时。

当然，这需要付出一些成本和金钱，但是你空闲下来的时间更加宝贵，你会发现自己省下的时间可以去做更多附加价值更高的工作，还可以用于学习和提升，去了解别人是如何处理问题、更优秀的人是怎样经营和管理的，通过对所需技能的深入学习，你的能力会变得更高、眼界更宽广，客观上能够得到更多回报。

所以，当你的时间已经省不下来的时候，不妨学会给自己减轻负担，通过"分权"和"分工"的方式，让别人帮助你工作，变相倍增你的时间。当你走到这一步的时候，就意味着你的时间已经很珍贵了，有了这样的思维，就意味着你已经成功或者离成功不远了。

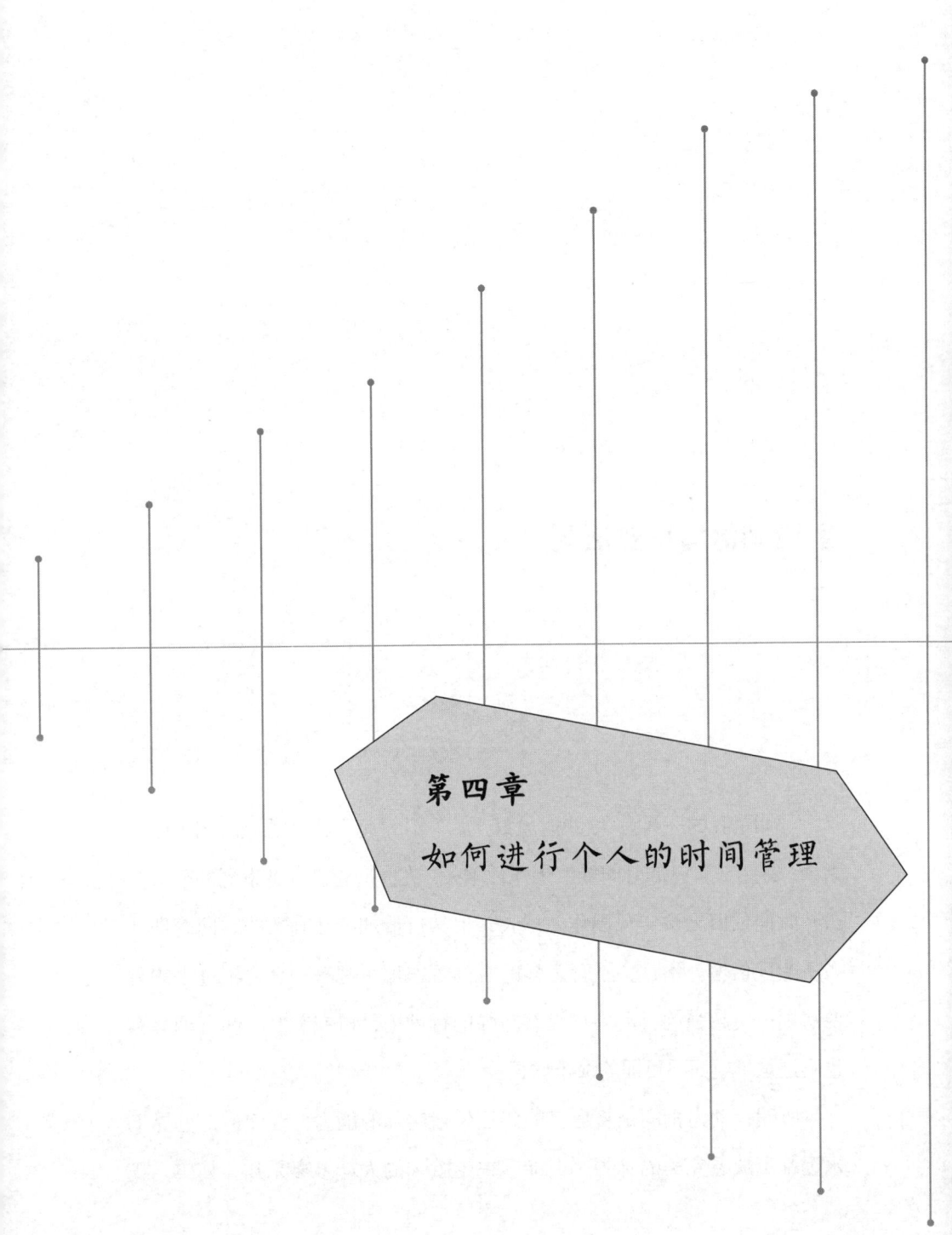

第四章

如何进行个人的时间管理

§ 时间倍增首要法则

"如果我的一天有 48 小时就好了。"几乎每个人在感叹时间不够用之余，都希望自己的时间能够爆炸性增长。在时间管理飞速发展的今天，虽然时间依旧无法实现爆炸性增长，但其价值却能在高效的时间管理体系下实现倍增。不过，不管怎样的时间管理体系都有一个绕不过去的首要法则——超强的行动力！没有超强的行动力，再完美的时间管理体系也不过是可望而不可即的海市蜃楼。

所谓行动力指的是将自己的想法付诸实际的能力。要知道，世界上永远都不缺乏完美的计划，但能够说干就干的人却寥寥无几。其实，我们每个人都知道时间无法永驻，我们可以做的就是下定了决心就立刻去做，只是要做到立即行动，也确实不是一件容易的事情。

刚毕业的小美就是这么一个缺乏行动力的人，阻碍她行动的因素有很多。举个例子，她整天嘴里喊着"要健身要减肥"，却从来都没有真的运动起来。她总会有很多的理由："太阳太晒了，晒伤了就不好了"，"减肥也不急于一时呀"，"上周加班太累了，周末应该好好休息"，"运动太累人了，下周没精神怎么办？"……如此一来，她根本就没有行动起来的机会，因为每每想到运动，她总有千万个借口推迟行程。

在现实生活中，想要推迟计划的借口也多种多样，千奇百怪。比如：想要学习一门新技能，却可能因为加班、约会等原因一再推迟；在执行一个接机任务时，你本应提早问清航班信息、妥善安排接机计划，却因为觉得还有时间等原因迟迟没做规划，最终差点导致错过接机时间……这样的事情在日常生活中并不少见，可不管借口多么冠冕堂皇，说到底其实都是缺乏行动力的表现。

俗语说的"万事开头难"往往也是指缺乏行动力。要知道，世界上最遥远的距离并不是"成功"与"失败"，而是"想法"与"行动"。仔细回想一下，在日常生活中，你有多少事情的失败是因为从未开始？多少次想着早起，却还是按掉闹钟继续蒙头睡觉；多少次想着写完一篇文章，却迟迟没有开头写下一个字；多少次想着跳槽，却连简历都没更新……说到底，事情的失败或许从一开始就注定了，因为你连行动起来都做不到。如此一来，又谈何时间管理？谈什么成功之道？

当然，开始总是困难的，所以在开始之前，你可以试试这样做。

1. 尝试 5 分钟

当你的想法一直停留在脑海而迟迟得不到行动时，不妨尝试着先让自己专注地尝试 5 分钟，这是切实提高行动力的最好办法。20 世纪 20 年代，德国心理学家蔡格尼克研究发现，大多数人都具有完成欲，人们对那些尚未完工的事情有着更加深刻的印象。所以，一旦开始做某事，就很难停得下来，所以遇到需要行动的事情，不管怎么样，告诉自己"先做 5 分钟"。

2. 对"行动"进行分解

事情总是一步一步、一点一点地完成的。很多时候，想象的遥不可及就是我们迟迟不愿行动的原因。从这个角度上看，对"行动"进行分解更像是临门一脚，所以在完成某个任务前，我们不妨绘制一个表格，把这个大任务分割为一个一个触手可及的小任务。以请客吃饭为例，我们可以简单将表格画成这个样子：

序号	任务名称	工作任务内容
1	请客吃饭	确认就餐人数以及菜品
		买菜
		洗菜
		煮饭
		炒菜

当这个任务表格成型时，你就会发现，完成它其实并不困难，我们只需要一步一步做好小任务。

3. 对时间进行分解

时间是一个抽象的概念，越长的时间线对人们的刺激性越小。这也是为什么国家出台政策时，经常以十年、五年为期，这是为了将时间具象化。

　　同样的道理也适用于个人。在规划之初，我们就要对时间进行分割，要求自己在恰如其分的时间点完成某个节点性任务，这样一来，抽象的时间就变成了一个个近在眼前的时间点。在这样的情况下，人自然而然就会产生紧迫感促使自己行动起来。以看书为例，我们可以画出一个时间计划表，同时还可以标注实际完成情况，以便日后复盘。

工作计划				实际完成情况			
事项	时间	预计开始时间	预计完成时间	完成时间	耗时	提前时间	滞后时间
看一本书	30 天	2018.3.1	2018.3.31	2018.3.20	20 天	10 天	

　　"缺乏行动力"是时间管理的天敌，也是进步的天敌。一个优秀的时间管理者最懂得让自己先行动起来！

§ 统筹兼顾，沿着时间轴

从字面来看，时间轴指的是以时间为线，将你需要记住的事情串联起来，它可以依据特定分类，以时间为节点对事情进行记录。在时间轴的帮助下，你可以将抽象的、看不见的时间转化为形象、具体的轨迹。

新任项目经理小李在刚上任时就结结实实地吃了个大亏！原来，前任项目经理离职时只给他留下了零碎的交接文件，小李花费了大量的时间才将项目需求和具体流程梳理清楚。由于是临危受命，小李急于又好又快地完成任务，忽略了制定绘制时间轴。项目的进行虽然顺利，却一直都处于计划外，什么时间点完成什么任务完全是顺其自然，虽然没有出什么大乱子，但小李心里总觉得不踏实，因为他不知道下一刻会发生什么。客户问起未来的里程碑点，他也难以回答，好不容易熬到了项目结束，可到了开项目总结会的时候，领导让小李汇报项目历程，小李支支吾吾说不出个所以然，因为那些关键的时间点，他一个也不记得。

在日常生活中，时间轴的运用十分广泛。在时间管理中，时间轴同样也是一个非常实用的方法，它最大的作用莫过于系统且完整地对事情发展进行记录。我们可以利用时间轴对日常重要事件及时间节点进行标记，同时，时间轴的表现形式直观且清晰，我们可以更好地对时间进行管理。

值得注意的是，时间轴不同于计划。时间轴是对里程碑点、风险等重要事件进行记录，而非事无巨细地一一记录。并且，时间轴的建立应当以现实为基础，而非以计划为基础，否则，时间轴将失去原本的意义，沦为计划梗概，在回顾时，也会显得冗长且沉闷。

看到这，或许你还无法直观理解时间轴的概念。那么，我们不妨来看个例子。在项目推进过程中，势必会出现许多里程碑点以及风险点，而时间轴的作用就是对这些重要的时间点进行梳理与识别。以下图为例，从项目立项之初到最终项目完成，中间经历项目需求沟通、项目设计、系统搭建等重要事件，完整的时间轴可以将项目全程直观清晰地展现在我们面前。

事实上，时间轴之所以受欢迎并不是因为它足够实用，还因为它的表现形式和绘制方式多种多样。个性化的时间轴让时间管理变得更加具有趣味性和魅力，在日常使用过程中最常见的时间轴制作方式莫过于涂卡式和标注式。

如图所示，涂卡式就是将各种事件分门别类，并以不同的颜色或图案做代表。在记录的时候，就用代表的颜色或图案给时间轴上色。

2018 年 5 月									
一	二	三	四	五	六	日			
	1	2	3	4	5	6		学画画	
7	8	9	10	11	12	13		看书	
14	15	16	17	18	19	20		郊游	
21	22	23	24	25	26	27			
28	29	30	31						

而标注式的时间轴则以其清晰简单的特性而广受欢迎。我们可以简单用一条线作时间的延伸，然后在线上标记重要的时间点或时间段，简单地描述这个时间点所发生的事情及参与人员。下图就是一个相对清晰明了的关于论文写作的标注式时间轴。

2018.3.31	论文选题
设计大纲	2018.4.2
2018.4.9	论文初稿
论文定稿	2018.4.30
2018.5.9	论文答辩

讲到这里，时间轴的建立或许你已经有了初步的理解。那么，下面将为你引出的是与时间轴息息相关的另一个概念：复盘。复盘是贸易上的一个概念，它指的是在项目或活动结束后的回顾和总结。这对于时间管理而言同样重要，失去了复盘的时间轴就如同失去了灵魂的肉体，因为我们建立时间轴的目的并不是为了单纯的记录，而是为了在复盘的过程中了解活动与事件的全过程，并总结出经验教训，为后续其他活动提供指导。

那么，我们应该如何对时间轴进行复盘呢？

1. 纵向总结

当活动完结后，对活动的时间轴进行回顾，在各个重要的时间点、重要的事件下，我们的状态如何、解决方案是怎样的。在回顾的过程中，或许我们可以发现许多当时经历时忽略的小细节，又或许我们可以想到其他更加妥善的解决办法。总之，对时间轴的回顾可以帮助我们从容不迫地完成事件总结，并在事件中吸取经验与教训。

2. 横向对比

在对同类型事件的时间轴进行对比后，我们可以寻找出这类事件的共通之处，总结同类事件可借鉴的地方，乃至制定出同类事件的规范化操作方法。慢慢地，你的工作效率也会得到极大的提高。

§ 制作流程图，让时间为我所用

有过一定工作经验的人，想必都清楚拥有清晰明确的流程的重要性。试想，在工作时，缺乏清晰明确的流程，会发生什么？本末倒置？非关键路径消耗过大？……任何一个弊端都将对工作推进造成极大的干扰，可见，在工作管理上，流程管理也是一件非常重要的事。

我的朋友林经理最不擅长的就是绘制流程图。在他看来，流程图不在客户的验收成果范围内，所以他总觉得画流程图是多此一举，比起浪费时间做这样的"无用功"，他宁可把这些时间花在跟项目组同事的口头交流上。这不，这天项目又出问题了，由于没有明确的流程，设计师和程序员的工作安排犹如乱麻，等到后置任务开始了，才发现还有前置任务尚未完成，一来一回浪费了许多时间，这时候，他才明白了绘制流程图的意义。

同样的道理也适用于时间管理，想要拥有清晰明确的流程就要学会流程图的绘制。所谓流程图指的是运用图形对一个工作过程的信息、观点或者部件流向进行表述。不管在什么行业中，流程图都具备一套统一的标准化的符号，常见的符号及其含义可参见下表：

起始＆终止		过程		可选过程	
控制流	→	逻辑判断	◆	数据	▱

运用这些标准化的符号，我们可以对一项工作的具体流程进行描述。举个例子，一个公司的产品验收流程可以这么绘制：

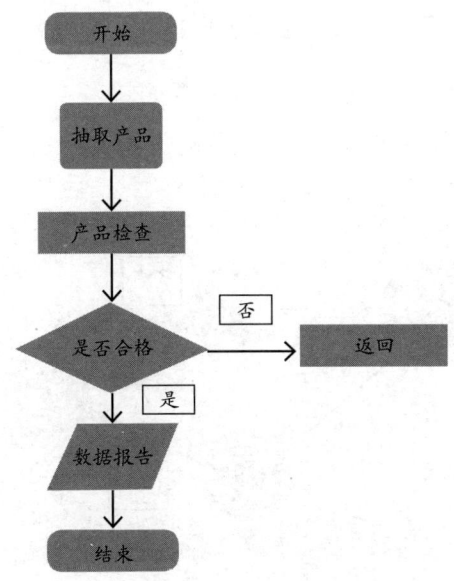

这样一看，我们就可以清晰掌握该公司的验收流程。流程图就是有这样的优点：形象且直观，较少出现歧义。同时，它还方便沟通，减少反复沟通的时间，免去了书面、口头表达上的烦琐，避免表述不清导致的误解。

与流程图异曲同工的还有网络图，它是一种形同网络的图解模型，由箭线、节点和路线三大要素组成，通常情况下，它可分为双代号网络图以及单代号网络图。项目管理中最基本的管理理念——关键路径法（CPM）就是立足于网络图展开的。

1956 年，美国杜邦公司率先提出了网络图和关键路径的概念。1957年，杜邦公司将网络图运用于化工厂建设项目中，解决了该项目的进度计划和控制等问题，节省了 4 个月的工期。到了 20 世纪 60 年代初，关键路径法和网络图绘制取得了重大发展，并正式进入了公众视野。直到现在，关键路径法和网络图在项目管理上依旧占据着极其重要的地位。

举个例子，一个项目可分为 A、B、C、D 四项工作，其中 A 工作必须最先做，耗时 2 天，B 和 C 工作各自耗时 3 天和 7 天，D 工作必须在B 和 C 工作都完成后才能开展，耗时 2 天。

根据上述信息我们可以绘制出这样的一个网络图：

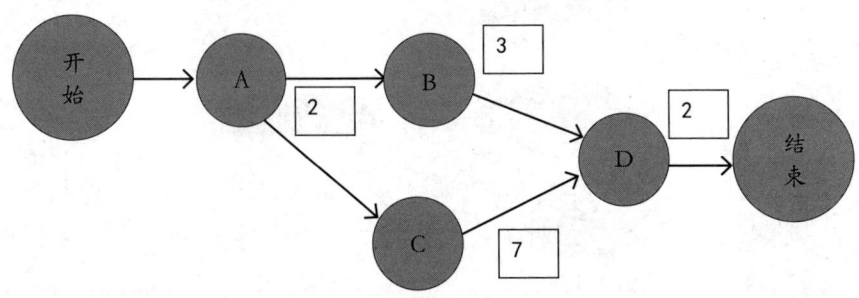

　　而所谓的关键路径指的就是，整个作业流程中最长的路径。上述例子的关键路径即为 A-C-D。这条关键路径直接决定了整个工作流程的总耗时，即 2+7+2=11 天。换而言之，一个项目的关键路径的总耗时就是此项目完工的最短时间。一旦这条关键路径的任何一个环节发生延误都会导致项目时间延长。同样的，如果我们希望缩短项目工期，就必须对关键路径的时间进行缩减，也就是说要想对项目进行时间管理，切入口必须是关键路径。

　　同样以上图为例，如果想要缩减该项目的工作时间，那么，我们就必须对 A-C-D 这条路径上的工作进行缩减。因为即使将 A-B-D 这条工作路径的时间压缩到 6 天，也不影响关键路径的时长。相反，如果能将关键路径时长压缩到 10 天，则整个项目的工作时间将直接节省 1 天的时间。这就是关键路径法的核心所在，它要求我们准确找出工作中的关键路径，并对其上的活动、工作的时间和进度进行管理。

　　可见，学会流程图、网络图的绘制能够帮助我们更加简洁清晰地表达自己的观点。作为工具，它们极大地提高了人们的工作效率。

§ 重视时间碎片的拼凑

在快节奏的都市生活中，时间碎片化的现象越来越受人们的关注。所谓的时间碎片化指的是我们日常生活中时常出现一些没有工作安排或计划的、零碎且无规律的时间。在这样的背景下，不少培训教育机构开始纷纷打出"碎片化学习""碎片化阅读"等招牌，可以说，时间碎片化给人们的工作、学习和生活造成了天翻地覆的变化。随着人们对其重视程度的上升，它已跃升为时间管理的重大挑战之一。

时间碎片化未必是商家们为了宣传噱头而虚构的伪概念，因为在快节奏的生活下，碎片时间是客观存在的，不管你愿不愿意承认，事实就是如此——时间碎片充斥着我们的日常生活。仔细回忆一下，你在日常生活中是怎样安排事情的？显然，我们会将时间划分为一整个时间段，运用这些整段的时间来处理事情，而碎片时间往往较短且零散，并不适合做一些深度的事情。一来一往，碎片时间往往就等同于浪费的时间，很少有人会把碎片时间放在心上，算入规划。所以在未来的很长一段时间中，如何好好拼凑和利用这些碎片时间将是时间管理的一大重要议题。

都市白领小裴最喜欢的就是利用碎片时间对自己进行增值。怎么增值呢？原来，她习惯在地铁上阅读，她的手机里存着各种各样的书籍——心理学、沟通学、商务礼仪……每天30分钟的乘车时间足够她学习一个心理学小知识、一个沟通学技巧以及一个商务礼仪规范。不仅如此，由于常年保持碎片阅读的习惯，所以她的知识面非常广，许多同事都喜欢跟她聊天，因为她总能轻松地说出各种冷门知识，同事们都夸她是个"有趣的灵魂"。

要想拼凑和利用好时间碎片，我们首先要对时间碎片化的原因进行剖析。通常情况下，时间碎片化的原因可分为客观原因以及人为原因。

其中，客观原因指的是：在客观条件下，势必出现且长久存在碎片化时间。这些碎片时间集中出现在两个主要任务的夹缝中。举个例子，上班途中消耗的交通时间就是一段碎片时间，这段时间是工作与生活的过渡期，值得注意的是，它往往不因人的意志而消失，也就是说，只要存在任务切换，则碎片时间必然存在。

人为原因指的是：人为因素导致的时间碎片化。这里的人为因素往往是因为注意力的分散造成的。举个例子，原本你预计用一个小时来完成某项任务，然而在这一个小时中，你一会儿刷刷微博，一会儿回复短信，一会儿看看朋友圈……在这期间，你的注意力一直无法长时间集中，原本完整的一小时就被你人为地分割成了零散的时间段，工作效率自然得不到提高。

不管是客观原因还是人为原因，时间碎片化确实在一定程度上打破了我们对整块时间的利用，让我们变得浮躁。但其实，时间碎片化并不是洪水猛兽，如果我们能够对碎片时间进行合理的利用和挖掘，它们同样能绽放出耀眼的光彩。

通常情况下，要想管理好碎片时间，发挥碎片时间的优势，你可以这样做。

1. 建立结构化的时间管理思维

你可以在纸上、手机上对自己的 1 分钟、5 分钟、10 分钟、15 分钟等进行分析，记录下自己 1 分钟、5 分钟、10 分钟、15 分钟分别可以做哪些事。注意，所罗列的每段不同长度的碎片时间能做的事情越多越好。一旦你清楚了解了自己在对应长度的碎片时间内所能做的事情，那么，你对自己时间的支配能力和自由度就越强。养成习惯后，当碎片时间出现时，你就能够自然而然地为这些时间做好规划和安排。

2. 掌握将时间化零为整的能力

有些时候，有些工作需要我们专注地用整块时间去完成，但有些工作却可以凭借零碎的小任务的累积完成。举个例子，如果你想做一个主题活动策划，那么，你可以在上下班通勤时间思考、积攒创意和点子，然后等到上班时间再对细节等方面进行推敲，最后在自己注意力最专注的时候，一口气将策划案撰写出来。这样的做法，对比运用整块时间进行策划的好处在于，灵感、创意和点子随处可以产生，在碎片时间进行思考可以极大地节省整块时间。

3. 兴趣是执行的最大动力

"热爱"是人发自心底的情绪，没什么事情可以阻挡热爱的力量。王羲之自小热爱书法，只要有时间就会钻研练习，据说走路时都会用手指在衣服上写写画画，终成一代书法大家。

找到自己真正热爱的事，是一件幸运的事情。看到别人跑步，就跟风买了装备想要每天跑步，结果并没有真正的执行，还找借口说没有时间，跑步并不适合自己……真正热爱跑步的人，哪怕每天只有 10 分钟也会坚持跑。运动的方式那么多，找到自己真正喜欢的，让兴趣成为动力。

更不要以不知道自己兴趣是什么为理由放任。不喜欢音乐、不喜欢运动、不喜欢看书、不喜欢学习，就喜欢打游戏、吃饭、睡觉、发呆。如果真的是这样，没有任何办法能拯救你的拖延症，因为你从内心深处就放弃了自己。

寻找兴趣也是一个有意思的过程。多去尝试，怀着一颗好奇的心，找到自己喜爱的事物，将其安排在日常生活中的每段小时间中，一点一点积累，有一天你会发现，自己已完全掌握了它。

4. 善于发现生活中的每个 "10 分钟"

我们一直强调要善于利用生活中的琐碎时间，但可能从前的你并没有发现自己生活中还有哪里的时间可以利用，好像每天都在 "连轴转"。那么从现在开始，细心留意自己每天的生活习惯，有必要时还可以记录时间节点。

比如计算上下班路上花费的时间，走路多久、坐车多久，我们可以选取坐车的这段时间安排自己的事情。比如：想学外语的朋友，可以背单词，练习英语听力；想塑形的妹子们在车上不要坐着了，可以学几个简单的动作，踮脚、抬腿，紧绷肌肉锻炼自己的腿部；工作繁忙的上班族，完全可以利用手机软件的便利，写写报告，收发邮件。总之做什么都比坐在那里刷网店强。

在公司也是有机会的，大部分上班族中午都会留在单位。午饭后，肚子饱饱的又不能立即睡觉，于是很多人就会选择坐在位子上玩手机。其实这午休前的十几分钟，我们也可以利用起来，比如你最近对摄影感兴趣，你可以利用这段时间看看与摄影有关的知识，或者是下楼走走，饭后立刻坐下可是很容易长胖的哟。

事实上，时间碎片化是可以减少却无法避免的一种现象。与其为这一客观事实忧心，还不如做好碎片时间的管理，让它为你所用。

§ 利用三大原则，调整应酬时间

亲戚朋友、同学同事、客户领导……应酬总是见缝插针，贯穿着我们人际交往的全程，尤其是逢年过节的时候，饭局酒局更是接连不断。身为职场中人，应酬也总是避免不了。

据相关报告显示，全国月均应酬时间为 8.34 小时。以 30 分钟做一顿饭来换算，人们在应酬上消耗的时间相当于做 17 顿饭。可见，人们在应酬方面消耗的时间并不短。不过，同样有数据表明，仅 37% 的人对应酬持支持态度，认为应酬能给他们带来事业突破口，也就是说，对大多数人而言，应酬的意义并不大。

举个例子：应届生大兵就是一个应酬达人，自从毕业后，同学、同事、校友、同乡经常组织各种各样的聚餐，美其名曰联络感情、增强联系，但说到底就是吃吃喝喝、唱唱歌。一开始，大兵心里想的是能够结识更多人脉，可以为自己将来的工作和生活做好人脉铺垫。但是，久而久之他发现，这些聚会和应酬似乎并没有想象中的那么有用，大多数人只是为了吐吐苦水，人脉没累积下来，反而浪费了不少时间，积攒了许多负能量。大兵也一度很想从这些无用的应酬中抽身，但由于种种顾忌，比如怕拒绝了被人瞧不起等，他还是继续游走于各种应酬中，甚至逐渐成了新的应酬组织者。慢慢地，在应酬中浸淫久了，一个上进的青年竟沾染了不少老油条的习气。

大兵的情况就像一面镜子，照出了许多人的真实生活。在经济社会行走，应酬早就深入我们的生活，从办公桌到餐桌，从会议室到咖啡厅……应酬增进了人们的感情和关系，缓解了商业谈判的紧张气氛，也丰富了合作双方的交往方式。

如果你的应酬未能给你带来良好的收益，如果你觉得应酬牺牲了时间，如果你无法平衡应酬与生活的关系……那么，不要急着将过错都推到应酬上。一边高举应酬无用论，一边周旋于各种应酬场合，这可不是聪明人的做法。

当然，也有人对应酬所耗费的时间有所忧虑。这样的忧虑确实是必要的，在人人都谈时间管理的今天，花在每件事上的时间都值得被珍视，应酬也不例外。那如何将应酬的时间进行压缩？如何做到不被应酬浪费时间呢？时间管理将给你答案。

时间管理的三大管理原则同样适用于交际应酬。

1. 明确目标，做个有目标的时间管理者

要知道，脱离了目标的时间管理是无效的。如果你想要达到某一效率或某一效果，那么就必须为自己设定目标，比如，要在一周内读完一

本书。如果没有目标，何来管理时间一说？当你有了目标，那么，你自然会对自己的时间进行调配，让行为配合目标，这点同样适用于日常应酬。

在设定目标时，你可以选择使用 SMART 法，即 Specific（具体的）、Measurable（可衡量的）、Attainable（能够达到的）、Relevant（相关的）以及 Time-bound（有时限的）。这个法则要求你所设定的目标必须具体到实际，有一定的时间限制，并且确保目标是可以衡量、可以实现的。同时，还要求你了解目标与其他目标的相关性。

2. 不做无用功，学会不在无用的事情上浪费时间

"二八法则"告诉我们，要将 80% 的精力放在 20% 的有意义、重要的事情上，减少自己在无用的事情上耗费的时间和精力。同样的，应酬也分有用和无用，应减少在无用的应酬上浪费的时间。举个例子，有的同事三天两头搞聚会，美其名曰联络感情，实则是为了打发时间或达到自己的某些目的，但对于身处其中的我们而言，却并不必要，所以，在面对类似的应酬的时候，不妨学会拒绝。

3. 制定规划表，分配好你的时间

如果你没能对自己的时间有清晰明了的规划，那么，时间管理将无从谈起，要知道，在没有规划的生活和工作中最容易出现的情况莫过于延时。所以，你要学会制定一张时间表，明确每件事情的最晚开始时间、耗时时长，并且每日对照时间表不断反思优化。这样的时间表同样可以用于应酬，避免无端延长应酬时间，当然，这张时间表里也要预留一定的弹性时间，避免出现突发情况导致后续事情的延迟。

应酬不可怕，可怕的是你无法平衡协调应酬时间。深谙这三条时间管理原则的人总能让应酬为己所用，并成功脱颖而出。

§ 一周律调术，定自己的休息标准

在人的一生中，睡眠占据了1/3的时间。睡眠可以帮助人们消除疲惫，提高新陈代谢，恢复机体功能，为人体储存新能量。正如莎士比亚所说，人的所有精神都源于睡眠，睡眠是人生中的第一道美餐。也有足够的案例表明，睡眠与人体健康休戚相关。

据医学和临床研究发现，睡眠不足或睡眠质量低会导致思维混乱、情绪波动大、注意力分散等情况出现。美国哈佛大学更有报告直接指出——睡眠不足将对形成记忆的神经和行为能力造成严重干扰。

举个例子，疲劳驾驶导致交通事故频发，原因往往是司机在驾驶途中因精神疲惫、状态不佳导致意识迷离、操作失误，进而引发交通事故。

2012 年的一则报道就是一个极端的案例：2012 年 6 月 9 日，欧洲杯如期举行，吸引了大批球迷关注，小蒋就是其中之一。说起来，小蒋应该算是一个铁杆球迷，他每天都熬夜看球，场场跟进，无一落下。十天后的凌晨，小蒋终于看完了意大利与爱尔兰的对战，去睡觉了。可谁知，他这一睡却再也没能醒来，这一年，小蒋二十六岁。

睡眠对人体而言相当重要，就如同我们赖以生存的水和食物一样不容忽视。也有足够的证据证明，它有影响工作、娱乐等其他活动的能力。然而，在如今快节奏的生活压力下，睡眠越来越被人们忽视，很多人在忙碌之余都希望一天有"25 小时"，又怎么舍得将 1/3 的时间用于睡觉呢？熬夜、通宵成了现代人的标签，他们靠压榨自己的睡眠时间来完成其他任务。有的人可能将这种牺牲睡眠视为时间管理的一种手段，而实际上，没有充足的睡眠时间和良好的睡眠质量，其他工作和任务的质量和效率也不能得到保障。所以，单纯靠压缩睡眠时间来进行时间管理是不科学，也是不可取的。于是，有人在此基础上提出了"一周律调术"的概念。

所谓"一周律调术"指的是依据人体状况，对一周的睡眠作息进行计划，以求得一个合适的睡眠标准。在了解"一周律调术"之前，首先要了解的是睡眠周期的概念。

从生理的角度讲，人的睡眠存在周期，这个周期可分为非快速眼动期和快速眼动期两大块。而眼动期的切换是由人体的脑电波、肌电波和眼球活动的变化引起的。在非快速眼动期中，人体会依次经历浅眠、轻度睡眠、中度睡眠以及深度睡眠四个时期。深度睡眠过后，人体又很快会进入快速眼动期。眼动期的切换周而复始，共同构成了一个完整的睡眠周期。据统计，人体在夜间睡眠的时候大约会经历 5 ~ 6 个睡眠周期，每个睡眠周期的时长约为一小时到一个半小时。

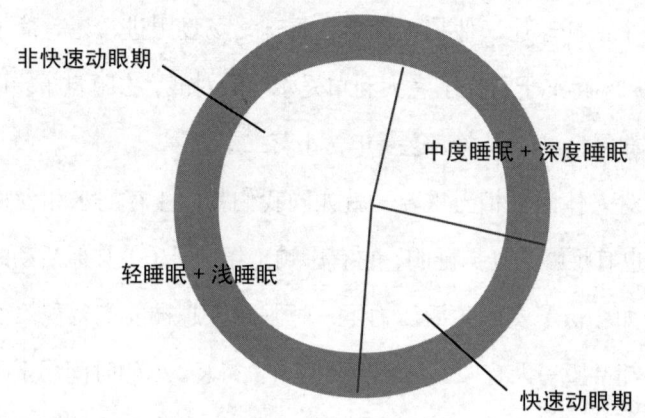

通常情况下，人体的理想睡眠时间为八小时，下限为四小时。立足于人体睡眠周期的规律，"一周律调术"将对人一周的生活作息进行计划调节，具体操作如下：

周一：作为一周伊始，周一的主要任务是睡满八小时，储存体力。因此，可以适当减少工作与娱乐的时间占比，以保证后续一周时间的精力。

周二至周四：这三天是一周内主要的工作、活动时间。可以依据自己的身体、体能等方面的综合情况对工作、娱乐的时间进行调配，睡眠时间按照六小时的标准时间进行调配。

周五、周六：这两天是一周内的主要休闲时间。应当适当提高休闲娱乐的时间占比，并适当将睡眠时间缩减为四小时。

周日：周日是一周的结束。这一天不适合过度消耗体能，应当保证八小时的睡眠时间，以补充精力和体能。

"一周律调术"主要是帮助人们依照生物钟对睡眠时间进行调节，以平衡工作、娱乐、休息三者的比例。这样的休息方式规律且灵活，不仅能够有效压缩睡眠时间，同时又能保证充沛的精力和体力。

§ 定好规则，短平快的会议

　　时间是最基本的管理资源。可惜的是，这项最基本的管理资源却常常难以得到高效的利用，这点在会议上有很好的体现。很多人告诉我，他们每天不是在开会，就是在开会的路上，可是，任凭会议时长多久、频率多高、讨论多激烈，实际解决的问题却寥寥无几。也就是说，在现实生活中，许多会议都是无效的会议。

　　相信在某些会议中，你会时常冒出这样的想法："到底什么时候结束？""这种会议到底有什么意义？""会议所讲的跟我有什么关系？"……不可否认，大多数人都曾经有过相似的想法，尽管我们不能一竿子打死所有的会议或者整场会议，但确实有部分会议是纯属浪费时间。

这也是为什么现代管理学之父彼得·德鲁克曾下过这样一个结论："如果一个企业经理的会议时间占比超过 25%，则可以推论该企业处于病态中。"因为很多时候，某些会议所讲的都是一些无关紧要的东西，不少会议更多地聚焦于已知的表现，而不去挖掘背后的深意，更不去探讨未来的发展。有的会议则没有明确议程，东拉西扯，最终什么结果都讨论不出来……事实上，会议的出现是为了将听众聚在一起，把原本需要一一传达的内容同时通知与会人员。换言之，会议最初的目标是节约时间，提高工作效率，但实际生活中，不少企业却本末倒置，让会议成了形式化产物。

举个例子，某场会议的主题本应是探讨新产品未来的营销方案。与会人员涵盖了程序开发组人员、设计组人员、产品经理、市场经理、文案策划、活动策划等人员。但是由于没能牢牢把握住会议主题，最终讨论的内容越来越杂，甚至涉及了未来几年的更新迭代、优化方向。原本一小时的会议延长到了三小时，最终也没能敲定营销方案。

再举一个例子，我朋友的公司是出了名的以开会为乐，他们每天都必须召开一次会议，主题可能是发展方向的探讨，也可能是工作汇报，还可能是毫无主题。总之，在开会之前，与会人员都不会知道这次会议的主题是什么，会议时长是多久，需要解决什么问题，因为主题、时长和问题都是会议当场定下的，他们的领导最喜欢这样的会议。

会议上大家各抒己见，畅所欲言，犹如一场别开生面的头脑风暴，看上去十分民主，甚至偶尔还会出现利益相关各方争执不休的情况。一场会议下来，工作时间过半，工作却还没进展。朋友经常苦笑着跟我说：

"可能，领导就喜欢听我们说话吧？他管这样的会议叫集思广益。"但事实呢？这样的会议不仅毫无意义，还浪费了宝贵的工作时间。为了在规定时间内完成相应任务，大多数员工或赶工或加班，久而久之，不仅工作质量难以保证，员工也是怨声载道。

可见，对于管理者而言，控制会议时间占比、精简会议势在必行。事实上，要想减少在会议上浪费的时间，最好的办法就是取消那些毫无意义的会议。但是，这并不是一个可行的方法，不少公司内部依旧时常召开各种会议，在这样的情况下，我们就只能通过提高会议效率来实现时间管理。

1. 充足的会前准备

为与会人员准备好会议大纲，大纲包括：会议主题、内容要点、会议目标、会议时间等，同时做好会议现场布置，确保会议顺利进行。

2. 明确会议目标

确认已向与会人员清楚传达本次会议的讨论内容以及目标，要求与会人员把控会场讨论重点，避免会议偏离主题。

3. 恰当的会议时间

将会议时间定在与会人员拥有充分时间和精力的时段。例如，上午时段是人精力最旺盛、注意力最集中的时候，最适合召开会议。

4. 适当的会议时长

研究表明，成年人集中注意力的平均时长为 45 ～ 60 分钟，超过 60 分钟后，人的精力及注意力都会大幅度下降。因此，会议时长通常应控制在一小时内，并且在会议过程中，应当严格遵循时间限制，避免拖延情况发生。

5. 确定恰当的与会人数

明确与会人员，避免邀请无关人员与会，避免过多或过少人员参与会议。与会人员过多容易造成会议讨论偏离主题，会场秩序混乱；与会人员过少容易导致决策丧失民主性和科学性，无法有效征集有用的意见和建议。

无论什么会议，要想提高会议效率，组织者以及与会人员都需坚决贯彻以下"八不原则"：不开无目的会议、不开多议题会议、不开不必要会议、不开无准备会议、不邀请无关人员、不离题、不重复论述、不超时发言。

§ 合理授权，解放自己的时间

每个人的时间都是有限的，管理者也不例外。然而在现实生活中，管理者的个人能力常常被过度歌颂，人们常将领导能力与高度集权、全能、高强度工作等现象画等号，以至于在公众眼中，管理者似乎就应该管理、运营、财务一手抓。其实，这样的现象带来的往往是企业危机四伏以及个人时间管理的失控。

在现代企业中，高度集权的情况并不少见，有些管理者甚至以一己之力包揽了整个企业的所有事务。很多人可能会感叹这类管理者出色的工作能力，但事实上，这恰恰是管理者无能的体现。

举个例子，在某些项目制的部门和企业中，经常出现的一个情况是——项目经理一手抓。项目经理一个人同时兼顾着运营、策划、客户关系维护、内部关系协调等工作。不可否认，有些项目经理确实有这样的能力，但同样不可否认的是，项目经理的精力也是有限的，项目经理一手抓的情况并不利于项目的稳健发展。

就像我之前认识的一个项目经理徐经理，不可否认，他是一个非常有能力的工作狂，每天深夜的办公室里总能看到他忙碌的身影，客户关系维护、结算制定、合同撰写、投标……项目内的所有重任都落在了他的头上，而他的下属们却早早就下班了。

是因为他的下属都偷懒不上进吗？不，更多的原因是他不授权。不愿授权是因为担心被取代吗？不，他只是自己忙惯了，不放心下属接手，生怕下属出差池。在许多人眼中，他就像一个无所不能的超人一样支撑着整个项目的正常运转。

尽管如此，领导还是对他不满意。领导是这样评价他的："徐经理是个不可多得的将才，但不是一个合格的帅才。作为项目经理，他应该负责项目全流程的把控，而不是将大量精力投放在细节上。"不仅领导不满意，他的下属对他也不满意，他的下属是这样说的："徐经理总是不肯放手让我介入项目，在这里我实在看不到自己的前途，待在他手下这么长时间了，我觉得自己一点长进都没有。"是的，徐经理为了项目鞠躬尽瘁，忙得头昏眼花，因为饮食不规律还熬出了胃病。可结果却是，无论是在领导面前，还是在下属面前，他都讨不到好。

从管理的角度讲，一个缺乏分工授权的管理者很容易陷入独裁统治中。而在独裁统治下，管理者的决策常常缺乏合理性、灵活性，效率也难以提高。从时间管理的角度讲，独裁统治的管理者们或许可以实现时间最大化利用，但效率却不容乐观，尤其是在高强度的工作状态下，他们出错的概率极高。

要知道，管理者的任务并不同于普通员工，其目标和任务应当放在统筹管理上。对待日常事务和工作，他们需要做的是把握进度，在恰当的时机做出合适的决策，这才是管理者的价值和意义。因此，一个优秀的管理者应当具备良好的授权能力，因为授权可以为管理者减负，帮助管理者腾出时间和精力去考虑管理层面的问题。

要实现成功授权，你可以这样做。

1. 甄选被授权人

授权不能随便授。管理者在授权前应当学会甄选被授权人，确保他们的能力与所授予的工作相匹配，并且确保他们拥有足够的时间来完成任务，以免延误工作。

2. 明确需求

授权时，管理者应当向被授权人明确交代工作内容。比如工作可交付成果、验收标准、最后期限、联系人等，避免因沟通不利导致工作出错或延误。

3. 监控工作情况

授权不代表不闻不问。不闻不问容易导致被授权者放松警惕、丧失工作热情，因此管理者应当对被授权任务进行不定期监控，及时了解工作进度、工作情况及质量问题等。但是，这样的监控应以了解、指导为主，避免过度干涉，否则授权将失去原有的意义。

第三辑

时间是变快了，还是变短了

你是否常常觉得自己很忙碌？日子好像白
驹过隙，还没有做出什么成果，一天就过去了？
每天的劳碌让我们身心疲惫，不仅没有感受到
精神上的充实，还觉得自己好像什么都没做。

　　为什么我们的时间总是那么快就溜走，又
短得什么都做不成？什么都来不及做，什么都
做不完，让我们产生了这样一种错觉——到底
是时间变快了，还是时间变短了？其实，并非
是时间改变了，而是你的心态变了，抑或是你
管理时间、处理时间的方式不对。当你用错误
的方法来度过自己的时间时，就会面临这样的
苦恼和困扰，需要做的，就是让时间变慢、变长，
让人生更加丰富。

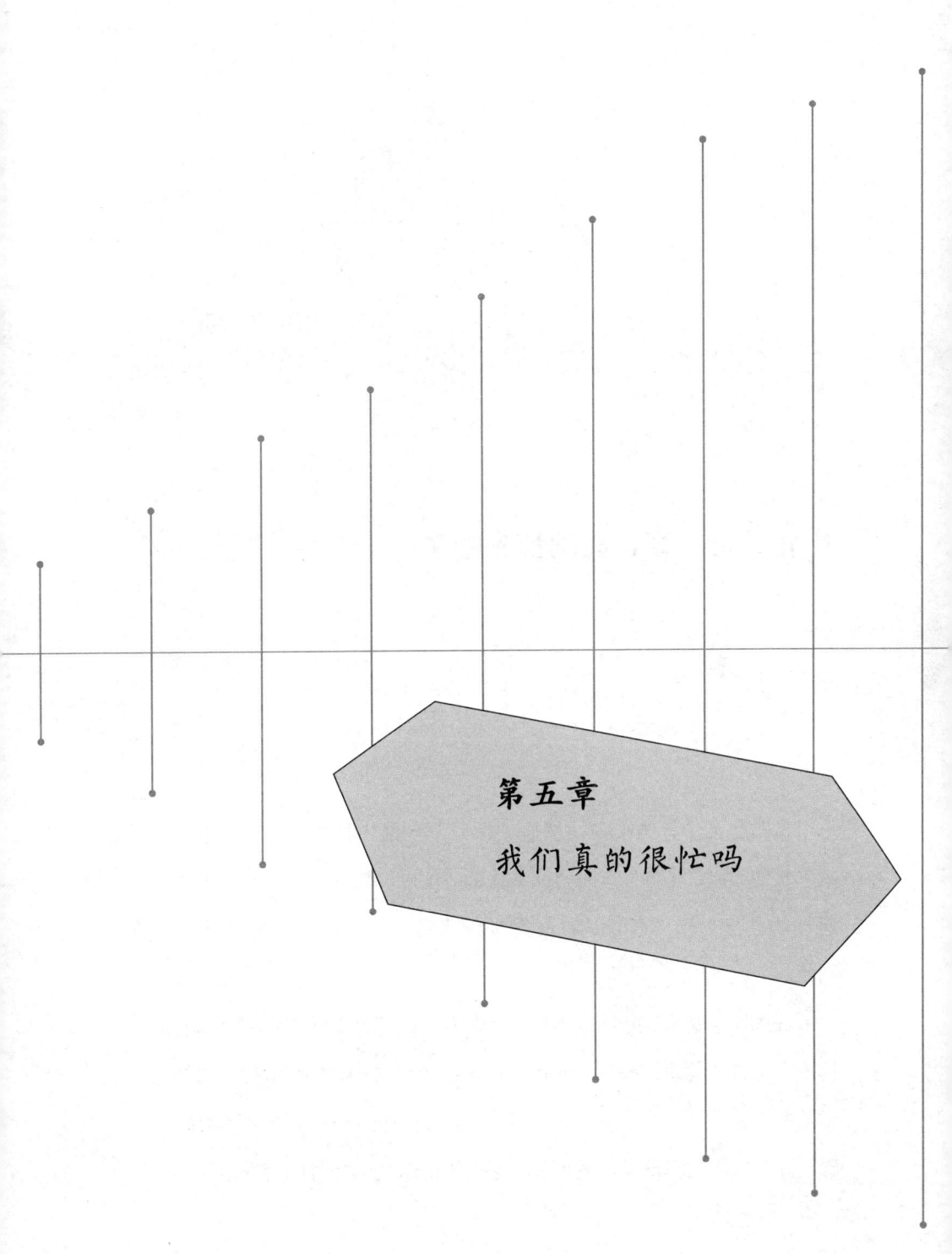

第五章

我们真的很忙吗

§忙、茫、盲，时间都去哪了

日常生活中，人们总习惯将"忙碌"与能力挂钩。然而，事实却是越平庸的人越"忙碌"，因为许多人的"忙碌"其实是"茫碌""盲碌"，这样的"茫"和"盲"是时间管理的大敌，很多时候，它意味着你在瞎忙。

仔细回想起来，我们每天都能看到不少火急火燎，忙得晕头转向的人，这些人仿佛永动机一般，一刻都停不下来，他们仿佛永远都有开不完的会、忙不完的事儿……可是尽管忙得昏天黑地，往往还是一事无成。"盲碌""茫碌"更符合他们的日常生活状态，这样的忙碌其实是时间管理出了问题。

盲是盲目。毫无头绪其实是因为没有明确的方向和计划，每日无计划地忙活与到处乱撞的无头苍蝇又有什么区别呢？时间匆匆流走了，事情却还没有解决。优秀的时间管理者是绝对无法容忍自己每日耗费大量时间在毫无目标、毫无方向的事情上的。

茫是茫然。茫茫琐事却理不出个所以然，这意味着忙来忙去也一事无成。无法分清轻重缓急的人是时间管理的失败者，面对茫茫琐事，心急地忙来忙去却剪不断理还乱。

可见，"忙碌"也是一项技能。不会忙碌的人总希望自己的时间能够比别人多出很多倍，而会忙碌的人却习惯用有限的时间去做更多的事情。不信，你看那些优秀的企业家，他们管理着偌大的公司，参加着各种应酬与社交，却仍然保有一定的私人时间。阿里创始人马云曾预言未来的工作时间可压缩至四小时；百度创始人李彦宏每天有 45% 的时间用于休闲娱乐……反观那些恨不得一天有 48 小时的"忙人"可谓高下立判。因为更多时候，"忙人"的大脑其实是混乱不清的，"盲"和"茫"让他们陷入了时间的陷阱。

学会忙碌，你可以这样做。

1. 做个有计划的忙人

可能有人会认为，计划总是赶不上变化。因此，他们更倾向于随遇而安，而不喜欢制订计划，殊不知，毫无计划的生活是进步的绊脚石。举个例子，有的人可能会在忙着某事时，突然想起另一件事，于是又掉头去做另一件事，结果忙来忙去，最终发现什么事情都没能完成。因此，制订计划，规划好哪段时间用于完成哪件事十分重要，它可以帮助我们提高工作效率，实现时间利用最大化。

2.分清轻重缓急，制定优先级

在开始一天的工作之前，要先学会归类，分清何为重要的事，何为不重要的事，何为紧急需求，何为不紧急需求。紧急的需求先做，不紧急的需求暂缓。举个例子，通知客户中奖消息与通知客户奖品即将过期同为重要的工作，其中通知客户奖品即将到期从时间的紧迫性来讲相对紧急，如果未能对这两件事的优先级进行合理排序，则可能导致未能在奖品到期前通知客户，造成客户满意度下降，乃至发生投诉。

3.记录你的时间

在日常生活中，你不妨试着记录下你的时间消耗情况。在结束一天的工作后，认真查阅你的时间记录本，或许你很快就会发现，你未必真的如你想象的那样忙碌，时间记录本能够真实地反映你的真忙和瞎忙，根据时间记录本对自己的时间安排进行优化，慢慢让自己成为一个合格的"忙人"，而不是瞎忙。

4.寻找正确的工作方式

有些人的忙其实是因为工作效率低下，而工作效率低下往往是因为未能掌握正确的工作方式。弯路走多了，时间自然也跟着流逝了，要想探寻正确的工作方式，你可以向有经验的同事、朋友请教，也可以查阅相关资料，还可以利用互联网进行学习……工作方法找对了，效率自然就高了。

要知道，忙碌与能力、价值并无关系，做个优秀的时间管理者要从学会忙碌做起。时间是公平的，在忙碌之余也可以保有一定的娱乐时间，前提是你能对自己的时间进行合理规划，忙出意义，而不是"盲""茫"。

§ 你可能得了"时间恐慌症"

"没时间了!""时间在飞速流逝!"……这样的念头在日常生活中再常见不过了,在给我们压力的同时,又鞭笞着我们不断前进。但是,对于某一类人来讲,这样的念头却往往更像阴霾,因为这样的念头会时常扰乱他们的思绪,给他们极大的压力和恐惧感,他们就是"时间恐慌症"患者。

在新人米拉身上,我就经常能看到这样的状态:她每天都喊着"没时间了,没时间了"。焦虑感、恐惧感时刻折磨着她。"紧绷着的弦""数着时间过日子"用来形容她再适合不过了,她就像时间的奴隶一般,每做一件事都要细数自己将耗费的时间以及剩余的时间。但是，这样的做法并不能帮她真正节省时间，并且，数时间、列规划、迟疑……反而让她耽搁了大量时间。于是，"勤恳又懒惰""高效又低能"等矛盾现象在她身上再显著不过。

在快节奏的今天，米拉的例子绝不是个案。因为稀有感会让思考面变窄，大多数人因害怕时间流逝而拼命忙碌，但他们往往意识不到自己的有些忙碌其实不过是瞎忙。时间稀缺感让他们不敢停下来总结回顾，如此一来，进步就变得遥不可及。

此外，"时间恐慌症"患者往往认为自己虚度光阴，如此一来，他们内心的煎熬与自我谴责会让他们变得浮躁、急功近利。例如，你可能在阅读的时候遇到不懂的地方不愿去深究、去扩展，因为你担心这会导致你的阅读计划无法完成，浮躁的你在时间的催促下往往会选择性地放弃一些对眼前无利的事情，你往往很难看到事情的长远发展与利益。这才是最遗憾的事情——害怕时间流逝的人却在不知不觉中成了时间浪费者。

记住，做事凭心情，分不清轻重缓急是大忌。习惯感情用事，只做想做的，不做需要做的，这是拖延症的典型表现；做事全凭冲动，一个劲地瞎忙，造成重要的事情被耽误，又是另一种拖延。总而言之，事情堆积时，自己先乱作一团，拎不清主次，还耿耿于怀自己的勤奋，最终也不会得到应有的回报。

放下负重，轻装前行。很多能力出众的人，难免会对自己产生过度的自信，许多事情都要亲力亲为，别人做事也要监督，这是强者的责任，有些也是没必要的负担。也许是站的角度不同，可能你会怀疑下属的能力，但没给他们一个机会，如何让他们成长呢?

如果总抱着什么事情除了自己别人都办不好的心态，那么随便一件琐碎小事都会成为你的牵绊，成为你前进路上的重负。一根稻草不会压死骆驼，但总有压倒骆驼的最后一根稻草。聪明的人可不会因小失大，失去自己的大目标，迷失前行方向。

当然，生活中也存在这样一群人，他们的生活从容优雅，似乎不被压力支配，从容淡定地做着他们坚持的事情，并且总能取得成功。同样面对着时间流逝的难题，这些人究竟是怎么让自己脱离困局的呢？

1. 高效不等于焦躁，人生贵在勤恳与坚持

"高效"是时间管理者们的管理准则之一，但不少人却错误地将"高效"等同于"焦躁"。他们往往期待着能够一步登天，忽略了事情总是一步步达成的，勤恳和坚持反而被视为浪费时间。要想学会时间管理，走出时间流逝带来的困局，首先要做的就是转变观念，戒骄戒躁，脚踏实地地发展。

2. 学会独立思考，明确时间的价值

在时间观念日益被重视的今天，许多时间管理理论如雨后春笋，如果未能具备独立思考的能力，那么就会像木偶一般被别人牵着走。如果你只听取了他人关于时间宝贵的理论，那么，对时间流逝的焦虑感会将你层层包围。只有在明白时间宝贵的同时，明确时间的价值，明确树立正确的、适合自己的价值观，才能在时间流逝时，从容应对。

3. 学会自我反省，不在反省中浪费时间

时间恐慌者往往会对自己浪费时间的行为进行反思。反思本来是个好习惯，但时间恐慌者却往往陷入另一个误区——过度反省、自责。当过度反省和自责时，他们往往会因自己的某些行为而懊恼不已，进而在

自责、懊恼中，越发恐惧时间的流逝。

时间确实是易逝的，但我们应该辩证地看待。因为时间匆匆而过未必代表着失去，正视时间流逝，不逃避、不害怕，妥善利用时间，你的"时间恐慌症"就将不再是困扰。

§ 明天再说吧，拖延就是颓废

从小到大，我们都被教导着"今日事，今日毕""我生待明日，万事成蹉跎"。本杰明·富兰克林也说过："今天可以执行的事不要拖到明天。"可事与愿违的是，如今不少人慢慢开始标榜自己是"拖延症患者"，并以此为荣。

所谓拖延指的是，一个人故意地、习惯性地、应该受批评地推迟当前理应完成的事情。与等待时机再做抉择不同的是，拖延是一种坏习惯。简单来讲，拖延指的是人们只停留在自己的思想中，却不付诸行动的一种行为模式。

或许，对于那些待完成的事，你有着千万个借口一拖再拖。但事实上，逃得过和尚逃不了庙，不立即完成不代表可以不完成，更不意味着阻力会减少乃至消失。换句话来说，拖延除了浪费时间，毫无用处。那些优秀的人从来都不会拖延，因为他们很清楚自己需要做什么以及自己的责任定位是什么，因此对于那些需要做的事情，他们会立刻完成，而对那些无法完成的任务，他们也会立刻反馈并阐明原因。就像库尔特·卢因所说的那样："如果一个人希望达成目标，到达成功的彼岸，就不能拖拉，要立刻行动起来。如果你没有能为梦想立刻行动的能力，那么，你就很难到达成功的彼岸。"

从一定程度上讲，拖延症其实是一种时间管理的缺失。那些喜欢拖延的人往往会有这样的心理："不要急，等到万事俱备了再做就好了。"他们很多时候都不知道，这样的拖延会给自己带来怎样的危害，因为他们经常能够抢在截止时间前完成工作，这时候，成就感以及"高效"所带来的虚荣感给了他们一剂强心剂。

在回顾学生生涯的时候，你或许会发现你也时常有这样的经历：寒假开始了，你却迟迟不去完成寒假作业，直到寒假快结束了你才去用功，通宵达旦地完成了作业。因为这时，时间带来的紧迫感和焦虑感会大大激发拖延症患者的斗志，短期内你的精神状态会达到亢奋，效率也非常可观。如此一来，你就会错以为自己适合短时间、高压的工作，慢慢地，这种错误的观念会深入你的内心，形成一种顽疾。乍一看，或许并不觉得拖延有什么问题，但事实上，你真的能够保证自己每次都在截止时间到来的前一秒完成任务吗？即使真的能够按时完成任务，你又真的能够为自己的工作质量打包票吗？

成功一定不会属于习惯拖延的人，所以，不要总是幻想自己能够得到的结果，也不要总是惦记着明天完成。记住，成功始于眼下，只要你不立刻着手去做，成功就永远都只是一个幻影。人的一生说长不长，它经不起你一拖再拖，拖延只会让你碌碌无为归于平庸，所以要想成功就先从改掉拖延症开始。

1. 重拾时间观念，从思想做起

事实上，在我们的日常生活中，每个人或多或少都会有点拖延的习惯。例如，你可能会想"没事，还有时间，不着急""大家效率都不高，我做那么快干吗？"……这些念头或许只是一闪而过，亦或许会一直盘旋在你的脑海中，但不管怎样，它们都是一些消极的自我暗示。所以，当类似的念头冒出来时，我们要及时打消，并给自己灌输积极的想法"早点完成，我就可以有更多的时间做其他的事情了"……

2. 集中精神

习惯性拖延的人普遍都有一个毛病——精神难以集中。在做事的时候容易分心，效率自然无法提高，因此要想戒除拖延症，最重要的是学会集中注意力。你可以通过长时间安静看书来训练自己的专注力，可能一开始，你会觉得如坐针毡，那么你可以按照 15 分钟、30 分钟、45 分钟、60 分钟递增的方式来延长看书的时间，久而久之，你就可以做到抛开杂念，专注手头的事情了。

明日复明日，明日何其多。优秀的人永远不会允许自己沉浸在所谓的明天中。

3. 用纪律和规则约束自己

对有些人而言，规则和纪律是用来打破的而不是用来遵守的，在他们心中，只要自己做事方便，只要自己开心就无所谓规矩。

不以规矩，不能成方圆。有些人总以为规矩是用来约束自己的，从不去思考规矩的真正作用。要知道，所有公司立下的规章制度，都是为了大家能更规范地做事，更有效地配合，如果人人都自有一套法则，工作上谁都不服谁，那这企业还如何运转。

最愚蠢的心态，就是自以为掌握了规矩便随意打破。因为知道拖延不会被责罚，就可以懒散，就可以不作为，难道我们做事情只是为了做给老板看？

处于浑浑噩噩中的你，对一切新生事物都失去了兴趣，总认为"有什么事情都不用着急，到最后总有解决的办法"，这其实是一种很颓废的想法。想要摆脱颓废状态，首先就是找回自控力。

自律是自控力的表现，把漠视的规矩都放回心中，以这些准则要求自己，规范自己的行为。有了紧迫感和自控力，就能在一定程度上摆脱拖延症，从而找到工作状态。

§ 那么多目标，好像还没有完成的

　　众所周知，每个人在行动前都要设定目标。但是，在日常生活中，有不少人却反受目标的困扰。或许你也出现过这样的困扰：本子上写满了自己未来的目标，但是，却根本不知道应该从哪里开始；忙忙碌碌大半天，结果还是没有达成任何一个目标。慢慢地，你甚至会觉得自己好像瘸子一般，难以迈出前进的步伐。这的确是一件糟糕的事，有目标是好的，但是当有了目标却更茫然的时候，你或许该反思一下自己了。

　　小蔡就有这样的困扰：刚毕业的他雄心勃勃，希望能够尽快闯出名堂。老一辈的人总说，技多不压身，对此他也深以为然。就这样，在亲朋好友的鼓动下，他开始考虑考证傍身：项目管理师、产品经理认证、MBA、注册会计师……各种专业证书晃花了他的眼，思来想去，他做了一个惊人的决定——全都考！

于是，在接下来的日子里，他一边工作一边学习，忙得焦头烂额，可最终结果却不尽人意。事情太多分散了他的注意力，他今天复习这个，明天复习那个，复习这个的时候，满脑子还牵挂着另一门科目的某个知识点。这样一来，复习效率上不去，效果也大打折扣。

小蔡的情况可能也是许多人的真实写照：追求上进没有错，却没能取得预期的美好结果，原因是一口气定了太多目标，正所谓，人心不足蛇吞象。人的精力有限，过多目标只会消耗过多的精力，没办法专注于某事，又如何能够取得好结果呢？

这样看来，选择着重于某个目标是非常重要的，因为许多人在工作生活的时候总会陷入这样的极端——要么没有目标，要么设定太多目标。不过，好在每个人都能够感知到自己是否陷入这样的极端中，因为不管何时何地，你都能够明确感受到时间的紧迫性，它无时无刻不在为你敲响警钟：你的目标太多了。当有了这样的感知，你就该采取行动了！

一般情况下，对策无非两种：放弃或优先级排序。

放弃：事实上，放弃并不是一件容易的事情，放弃可能是暂时的，也可能是永久的，这种抉择需要勇气，也需要智慧。要想学会放弃，你首先要明确的是：主动放弃是常事，不是煎熬；"多多益善"并不适用于任何时间或任何情况，"边际效应"更符合我们的实际生活。

所谓"边际效应"指的是随着投入增加，投入产出会不断上升，但当投入达到某一水平后，新增的单位投入所产出的产量反而会下降。举个例子，你吃第一个汉堡的时候，心里是最满足的，可能你还可以再吃一个，但是第三、第四个呢？你会觉得难以接受。这时候，就是该放弃的时候了。很多时候，面对目标也是如此，我们应该是目标的主宰者，而不是被目标主宰，只有适当放弃那些不那么重要的目标，我们才能将时间腾空。

其次，你要知道，对你来说什么是重要的，什么是你的兴趣所在。两相对比之下，你自然就会知道什么是你真正需要的，不能放弃的。当然，你也可以列一张表格，把自己决定放弃的某个目标的优缺点都罗列出来，权衡利弊后再做出最后决定，当然这些优缺点要立足于实际，而不能只是简单根植于自我意识，否则你就无法公正地看待放弃这件事情。

在做出决定后，千万不要再犹豫，更不要给自己反悔的机会。当我们决定放弃后，我们的关注点就要完全从该目标挪开，避免它再占用我们的精力和时间。

优先级排序：有些目标，我们可能无法放弃，这时候，我们就要对这些目标进行优先级排序。毕竟人的时间和精力都是有限的，很多时候，并行排列并不是一件好事，它不是能力的象征。因为要做好某一件事，我们就应该全身心投入，以免顾此失彼。

举个例子，搭建一个软件系统，我们最先要考虑的是需求分析，这是我们首要完成的目标。搭建过程是需求分析的后置任务，一边搭建，一边进行需求分析会导致开发过多不必要的功能，造成资源和时间的浪费。所以，在目标较多的情况下，不妨对你的目标进行优先级排序，先完成最重要的目标，然后再考虑其他的目标。在这样的情况下，你能够更加享受专注的魅力，感受到进步的愉悦，同时，也不至于因为目标过多而分心导致一事无成。

§ 好有挫败感，都开始怀疑自己了

日常生活中，情绪出现波动和异常是再常见不过的事了。有些时候，你可能会觉得很有挫败感，也可能会对自己产生怀疑，进而变得消极、忧虑、暴躁，这就是不良情绪。众所周知，不良情绪除了对人体的健康有着极大的危害外，对时间管理也是一大挑战，因为它会严重影响到你的工作状态和效率。如果不信，我们大可分析一下。

正所谓，身体是革命的本钱。当一个人有了不良情绪时，他的胃最先会有反应，这也是为什么那些心情不好的人要么对食物提不起兴趣，要么就是暴饮暴食。但是，这种饮食习惯的突变最容易给人体带来一系列胃肠道的不适，甚至是疾病。与此同时，由于情绪不佳，睡眠质量也会受影响，如此一来，免疫力势必会下降，许多疾病也就自然而然找上门来了。那时候，不管你多么希望自己能好好把握时间，也不得不暂停一切计划来治疗疾病，一来二往，反而消磨了时间。

不仅如此，人的思想、行为与情绪三者之间存在着相互作用力，当一个人情绪不佳的时候，他不仅思想会变得偏执，行动也会陷入消极状态中，"什么都不想做"是最显著的特征。由此可见，一旦不能及时消除不良情绪，人就会变得慵懒，缺乏行动力。

举个例子，白领林女士就是一个经常被挫败感环绕的人。这天，她的领导让她去拜访某个新客户，林女士就想起了自己上次拜访其他客户的经历——客户非常挑剔，是个难以交流的人，林女士多次尝试，结果还是吃了闭门羹。这让一向自信的林女士感到十分挫败，她觉得："我可能真的不适合做客户关系维护吧！"

如今，接到领导的新任务，林女士的情绪达到了最低谷。她扭扭捏捏，一拖再拖，迟迟不愿主动联系客户，为此，领导对她的工作效率和态度也打上了大大的问号。后来，由于林女士过于拖拉，新客户对林女士的服务满意度也大打折扣，最终合作没谈成，林女士也丢了工作。

事实上，我们行走在这个社会，总会面临着各种各样的艰难与险阻，成功的人都是在这些磨炼中不断地锻炼、完善自己的。挫折、困难本就是我们生命的一部分，是放任自己被挫折打败，还是去打败挫折，就要看你自己的毅力与能量了。优秀的时间管理者可不会放任各种不良情绪，让各种挫败感侵蚀自己的时间，他们一定会用自己的正能量去打败挫败，打败不良情绪，活出自己的精彩。所以，当出现挫败感时，要合理控制自己的情绪，避免它们继续蔓延乃至侵蚀你的时间和精力。

1. 学会控制自己，学会做自己的主宰

做自己的主宰就是要做到自信。只有能够完全信任自己的人，才能够做到无论何时何地，都能以自己的方式去看待所面对的事物与人，并按自己的方式去做事。拥有了这种主宰的感受与能力，那么，你的情绪也能在一定程度上得到平复，挫败感和不良情绪也自然会消失。

2. 学会正确释放情绪

不良情绪对人体有害是真相，在现实生活中，不良情绪存在也是真的。成功的人亦非毫无不良情绪，只是他们能合理释放情绪。例如，有的人会在情绪低落时找朋友诉说，朋友的陪伴与倾诉的快感，都能让他们的内心得到一定平衡；有的人在感到挫败时，可能会出去旅游或者做运动，等精神压力得到释放后，再来看那些困境也就有了不一样的感悟……

3. 做个乐观的人

事实上，很多事情并没有我们想的那么糟糕，我们所谓的挫败感很多时候都是因为我们内心的消极感给事实蒙上了一层悲观色彩。所以，当你为某个困境、困难感到挫败时，问问你自己：这件事真的有那么糟糕吗？有多少悲观成分是你自己的主观意识给事情附加的呢？慢慢地或许你就会发现，很多事情并不像你想的那么糟糕，很多挫败感其实是不必要的，学会让自己乐观起来，挫败感和不良情绪就能够很快消失。

§ 扪心自问，真的很忙吗 §

"忙忙忙""没时间""我见过加班的凌晨"……越来越多的人习惯用忙碌来标榜自己的认真负责，可这样的忙碌往往只是感动了自己，却并未能真正办成什么事。既然如此，为什么还有那么多人喜欢假装自己很忙呢？

因为，一直以来人们都习惯把忙碌等同于成功，忙碌代表着积极向上，代表着努力，代表着能者多劳。在虚荣心的作祟下，越来越多的人耗费大量时间来彰显自己的忙。

他（她）加班到深夜，是因为他（她）在正常的上班时间看肥皂剧、

刷微博;

他（她）挑灯夜战备考，是因为他（她）白天睡到日上三竿；

他（她）忙着赶清晨六点的地铁上班，是因为他（她）前一天没有把工作做完；

……

他们真的忙吗？不，这些忙碌的背后其实是懒惰，是时间管理的失败。多少"忙人"在失败中浪费了光阴，可他们往往还是沉浸在"忙碌"的沾沾自喜中。久而久之，喜悦遮蔽了双眼，人也慢慢走向了颓废的深渊。蹉跎了时光还不自知，这才是最可悲的事。

丁女士是某家小企业的办公室主任，日常工作琐碎又繁忙，每天仅是工作电话就有一百多个，只要不是技术方向的事情，其他的比如财务、后勤、人事等问题，都需要她去解决处理。于是丁女士经常是一件工作还没有做完，又有数个电话打进来，虽然是坐办公室，但并不清闲，各个科室部门都需要她去统筹安排，有时甚至一天的时间，都不能坐下来喝点水。

早几年，丁女士对待工作太过认真，什么事都会亲自过问，亲手安排。但人的精力有限，再强的能力，一天工作下来，也是身心俱疲，脑中一团糨糊，话都不想多说，甚至最后身体都累坏了，领导却还会因为她的一点疏漏而大发雷霆。

丁女士心灰意冷，想要做出些改变，她做的第一件事就是放权。丁女士真的不爱权，她只是缺乏对同事的信任，什么事都想自己做，所以她与领导协商，提拔了几个副主任，将办公室业务划分，要求各副主任明确分工，各司其职。一开始丁女士还是担心的，总怕没有自己监督，手下会办事不力，然而真的放手才知道，员工完全有能力胜任。

这样的效果是显著的，虽然最终重要的事情还是需要她去做主，但有几个副手帮忙，就会过滤掉许多虽然紧急但并不重要的事情，副主任们完全可以自行决定。

第二件事是对自己的要求，丁女士要求自己在做每一件事情时都给事情归类：哪些事是影响自己未来前途的，哪些事是影响公司业绩的，哪些事是即使被耽误也不会造成实质损失的，哪些事是完全可以交给手下去做的……通过分类以及对所有的工作进行排序，在同等能力下，丁女士做事更加周全，也很少再因疏忽而出现纰漏了。

要知道，优秀的人永远不会假装自己很忙，强者也无须通过加班来证明自己。举个例子，杜邦公司的总裁在忙工作之余尚且能空出时间研究蜂鸟；织布巨头威尔福莱特·康每日都会空出时间学习画画……相较之下，作为经常自称"忙得不得了"的普通人是否会感到惭愧呢？正如之前流传的一个段子所说的那样，那些整天喊忙的人其实都不是真的忙，因为当真的忙起来时，你根本连喊忙的时间都没有。

当然，社会上还存在这样一群人，他们确实每天都忙忙碌碌，各种事务和活动填满了他们的时间表。但是，更多时候，他们不过是重复一些低技术、可替代性高的工作。举个例子，有的人可能每天都要耗费大量的时间整理数据，但事实上，运用 Excel 公式算法对这些数据进行处理仅需半小时左右的时间。不可否认，他整理数据的时候，是十分忙碌的，但是这是为了掩饰他懒得思考，懒得寻求更高效的解决方法的事实，这种低质量的"忙碌"除了感动自己外，毫无意义。

所以，仔细回忆一下你的时间利用情况，再回头问问自己："我是真的很忙吗？我忙得有意义吗？"如果答案是否定的，那么是时候做出改变了！

1. 记录并分析时间对比日志

在工作开始前建立一份相应的时间对比日志。首先，记下接下来的两个小时内所需完成的任务；接着在两个小时后，记录下自己的实际工作情况；一天下来，再对自己的时间对比日志进行回顾。观察自己的时间预算与实际的投入差异，并分析产生差异的原因，在这样的分析对比下，你可以很快找到自己的时间"黑洞"。

2. 时间统计表

连续一周记录自己在"专注""浪费时间""休息"这三件事上花费的时间占比。根据记录对自己的行为进行调整，一旦发现"浪费时间"的占比过高，就要在日常生活中有意识地提醒自己，以便纠正自己浪费时间的行为。

3. 寻找高效的工作方式

在竞争日益激烈的今天，优秀的时间管理者应当保有危机意识，在追求不断进步的同时，探寻高效的工作方式。例如，用 App 或工具取代手工绘制流程图；用原型软件取代手工绘制线框图、原型图；用 Excel 公式算法取代人工整理数据……这些高效的工作方式可以帮助你节省时间，但它需要你收起自己的墨守成规，要勤于思考、勇于创新。

扪心自问一下，你是真的很忙吗？不要浪费时间来制造忙碌的假象了，优秀的人要做的是时间的主人，而不是做一个假装忙碌的"没时间"的人。

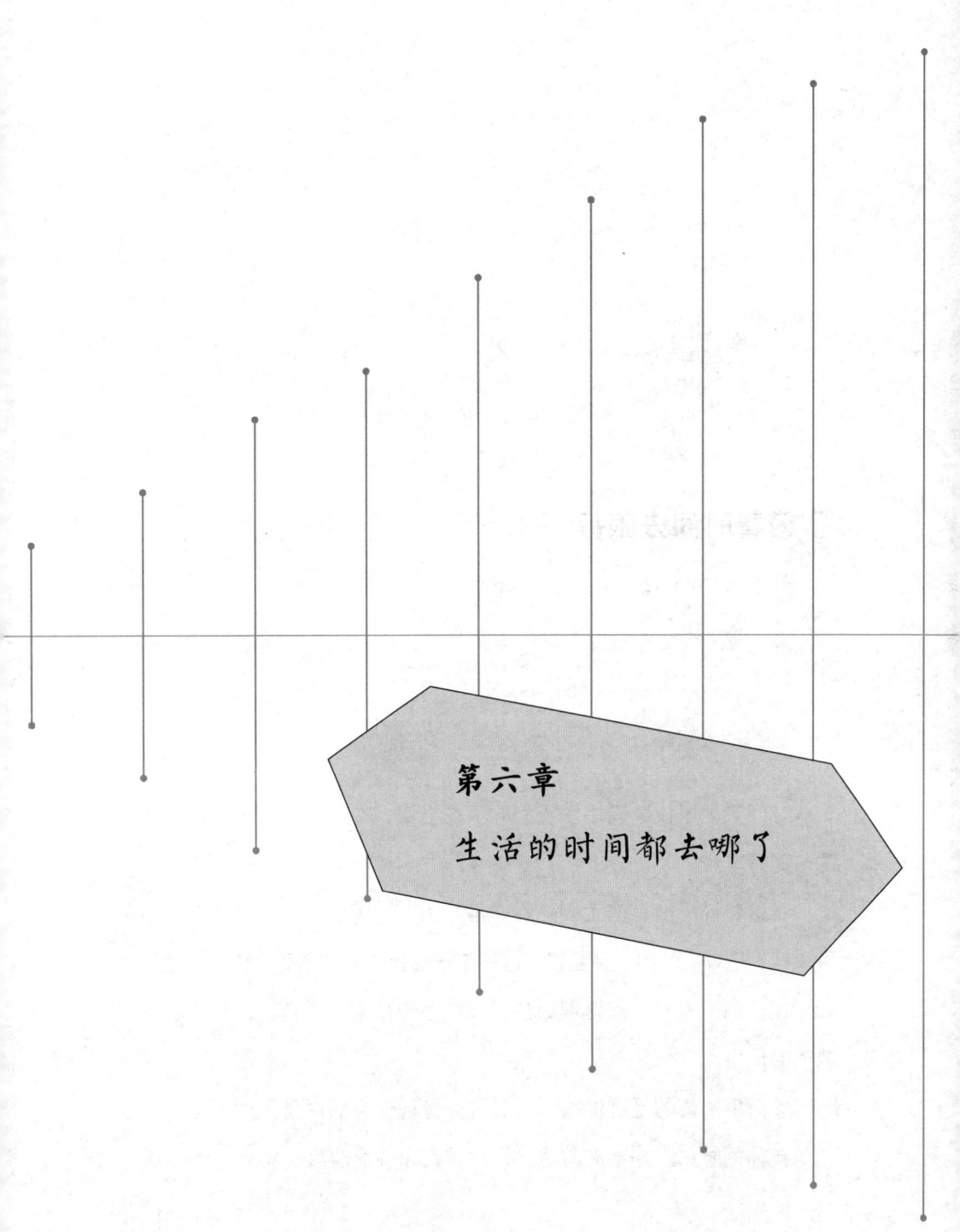

第六章

生活的时间都去哪了

§ 带着时间去旅行

时间管理不仅要运用在我们的工作当中，在生活中也可以进行适当的时间管理。

我这样说可能有些人会感到非常抗拒，因为他们认为时间管理是一种束缚，是对自己的一种监督，这种方式会让人非常紧张。在休闲时刻，如果还要刻意进行时间管理的话，会给心理带来一些负担，完全起不到放松的作用。

然而事实真的是这样吗？其实时间管理在生活中是无处不在的，哪怕是在休闲时刻。外出旅游也好，周末在家休息也好，将自己的生活打理得井井有条，无形当中都在运用时间管理的方式。

比如当你周末在家休息的时候，你可能会选择先做一餐饭犒劳自己，当美食在锅中炖煮的时候，你会利用这段时间来做一个面膜、听一听音乐，抑或清扫一下屋子。请注意，此时你就是在管理自己的时间，因为你手头正在进行的炖煮工作，也短暂地解放了你，所以你选择了在空闲时间完成一件其他的事情。这就是一种对时间的高效利用，让我们可以用更短的时间做完两件事情。

你看时间管理也可以不那么严肃，而是非常轻松。所以我们在生活当中，很多时候还是要用到时间管理的，只是与工作上的时间管理不同的是，我们应该秉持着一个基本原则——生活中的时间管理模式，不要过于追求效率，而是以打理生活为目标。因为太过追求效率，往往会让我们感到紧迫和焦虑，从而会让原本的休闲时间也变得忙碌不堪，这并不是我们最开始的目的。

在一些特殊的活动中，我们还特别需要一些管理技巧来帮助我们规划时间。比如外出旅行的时候，如何将短期的旅途规划得丰富多彩，就体现了一个人的时间管理能力。我有一个特别会进行旅游规划的朋友，明明出去旅游的时间和别人一样，他却能够将别人旅行计划当中看不完的景点、吃不完的美食、逛不完的街道都打卡一遍，而且他的旅行还不是走马观花，也兼顾了深度和丰富程度。

为什么他能做到这一点呢？就是因为他将这短期的时间规划得非常好，在旅行之前就做了充分的准备活动，以便让自己在旅游时的每一分每一秒都不浪费。这就是带着时间的意识去旅行，让他最终可以玩成别人想象中的样子。

针对旅行的时间管理，我有以下几个小的建议提供给大家，也来源于我这位朋友的经验。

1. 明白你的旅行目的并进行计划

有的人旅行就是以丰富为目的，一定要将当地最好玩儿的都玩遍，最好吃的都尝到，所以这样的旅行计划就一定要设定得更加紧凑和丰富多彩，一定要保障从早上一睁眼到晚上睡觉之前都有有趣的活动可以让我们体验。

有的人旅行则是以休养为目的，讲究慢节奏和享受生活，这样的旅行计划就一定要舒缓一些，不需要安排太多的景点或者旅游项目，同时旅行时的作息也可以变得更加放松，不必早起，也不必晚归。

有些人旅游过后，之所以会感到遗憾，就是对自己一开始的旅行目的认识并不明确，导致有些人明明是出去游玩的，却在旅游地睡到日上三竿，晚上又早早回到宾馆，短暂的假期什么也玩不到，变成了酒店几日游，这就是对自己旅行目的不明确造成的计划失误。

2. 旅行前要进行充分的准备

旅行中有许多事情都是需要花费我们大量的时间和精力的，比如先去哪个城市再去哪个城市、城市中选择怎样的交通工具、是否需要预订、酒店在什么时候预订性价比最高、什么位置在真正旅游的时候最方便……这些都需要花费大量的时间做功课，并且在旅游之前一定要先安排好，这样我们才不会措手不及。

所以旅行前一定要花一些时间进行充分的准备，如果你现在不花时间，就一定会在旅游的时候花时间，但那时候的时间成本将变得极为昂贵，所以提前做好旅行的准备，就是变相节省时间和金钱。

3.旅行线路规划要科学

早上去城东看日出，中午去城西吃西餐，晚上再去城东划船……这样的旅行线路是相当不科学的，你会发现大部分时间都花在了路上，不仅享受不到什么美景美食，整个人还会变得非常疲惫劳累。

所以在旅行之前一定要规划好线路，保障科学出行，用最节省时间、最舒适的方式来完成你的旅行。很多时候这些线路即便提前规划好了，在旅行的时候也会临时改变，所以我们应该在旅游时，每天抽出一小段时间，对第二天的旅行计划进行更改和查验，根据之前的经验来提前做好准备，这样也能避免临时出现问题。

带着时间去旅行，就是在旅游的时候要有时间意识，这样你的旅游时间才能全部用在有意义的事上，才能变相延长你的假期。假期时光是那么的珍贵和短暂，既然有这样的好办法，我们为什么不利用起来呢？

§ 弹性工作的假象

很多人在做时间管理时，都喜欢用"弹性工作"这个词来描述。顾名思义，就是说时间的规划是比较有"弹性"的，他们可能并不知道自己要花多少时间来完成某项工作，所以就根据自己的预估留下了一个较大的时间范围，以应对可能出现的意外或问题。

比如完成一件事，如果以较高的效率完成，大概需要一个小时，但稍微放松一点，则用两个小时，比较弹性的时间规划方式就是选择"一到两个小时"之内完成这件事。这种计划方法并不是完全不可取的，但对很多自制力不强的人来说，当你这样设定计划的时候，基本上就等于要浪费时间。

原本一小时就能做完的事，当计划中写"一到两个小时"时，他们就一定会拖延到两个小时再结束，这就是弹性工作的假象。所谓的弹性工作，在自制力缺乏的人面前只能成为拖延的借口。

日常生活中，我们总会遇见那么几个"不靠谱的人"，做什么事情都迷迷糊糊，做事从来没有准头，随性极了。

学生时期，班上有几个学生经常上课迟到，被老师揪着耳朵在走廊里罚站，不仅不羞愧，还笑嘻嘻地冲班里同学做鬼脸；工作以后，等待对方发送邮件，经常是不催促不发送，一定会超过约定时间，让你不得不跟着推迟工作；与身边的朋友聚会，总会有几个迟到分子，让所有人等着，进门先罚酒成了他们的固定环节……

大家身边是不是也总有这种人呢？遇到他们，我们往往束手无策。他们并非完全没有时间观念，但总是要拖个几分钟，叫你气也不是，不气也不是，无奈得很。我就有个朋友，因为爱迟到在我们的朋友圈中很出名，他还特别有技术地把迟到控制在十几分钟以内，有一次被大家批评狠了，他说出了"小拖怡情，大拖伤身"的"名言"，在朋友中广为流传。

对于这种拖延症群体，我们要坚决地说一句："不约！"在他们的计划里，没有一个明确的时间规定自己的工作与生活，一般都是"差不多几点""几点左右""大概几分钟"……因为是几分钟的拖延，可能不会影响到大局，所以他们不以为然，依然在拖延的道路上不回头。

这种弹性的时间规划，并不是一种适合所有人的方式。一个"大概"直接将工作的时间轴向两边拉长了一大截，没有精确时间的大脑就接收不到明确的指令，做事情的时候就会总想着"大概几点完成就好，慢慢来不用着急"，心里没有压力和紧张感，做事自然就会慢吞吞造成拖延。

大部分工作可能并没有要求我们明确到几时几分完成，所以我们也就没有习惯对每一件事都计划得那么精确。只有遇到事情多，需要一件接一件无缝隙对接、高效率工作的时候，我们才会慌乱悔恨，懊恼自己为什么没有精确地计划时间的习惯。

因为每一件事情都计划得模糊，边界不清，所以多件碰到一起我们就慌了手脚，因为上一任务的拖延而耽误下一任务，一环一环全都被打乱。

1. 计划表切忌笼统，应精确到每分钟，做个抓住时间的人

做计划容易，做好计划难。一个成功的计划不仅能帮助我们提高工作效率，还应该能帮助我们理清工作思路，合理利用工作中的每一分钟。

不规定每项工作的时间，只是笼统地罗列，这份计划表就无法起到规划时间、督促工作进度的作用。如果每件事都是大概的时间，做事随意性大、变动多，那么这一天的工作很可能就会拖延，甚至压根儿完不成计划的最后一项这一天就过去了。

大家在做计划时，不要只是把一段时间内的工作按顺序罗列，还要把每项工作预计开始的时间，每项工作预计花费的时间都计算清楚。有时候我们不能清楚地估计出某项工作具体花费的时间，但我们应该知道截止期限，所以以每项工作的截止期限作为精确的时间节点，做到心中有数，督促自己高效率做事不要拖延。

2. 充裕的时间也不该被随意浪费

当工作不那么紧急，时间比较宽裕时，我们可能会放松对自己的要求。比如，平时高效状态下两小时就能完成的工作，拖了一上午才做完，

虽然对工作本身没有影响，却因为我们的拖延，浪费了大量时间。

所以我们在做计划时，不要给自己留下过多的空白时间，因为有了这些空白就像做事有了"缓冲地带"，本来没必要拖延的工作也要拖延很久才做完。如果是一天的计划，尽量把时间排满，主动让自己处于适度的"忙碌状态"，不要做一会儿歇一会儿，找不到工作状态。

3.指令明确，分秒必争

我们的大脑就像一个指挥部，各个分管身体机能的神经中枢听从中央系统发出的指令，去执行各自的任务。没有明确的时间，大脑无法发出最明确的指令，身体各"部门"处于一脸蒙圈的状态，当然做不好事容易拖延。给大家举一个虽然简单，但是很形象的例子。

回想我们高考时老师对学生的要求，整张卷子每道题要用多少时间完成都是有明确规定的，甚至每做一个填空都要以秒计时。在这样的要求下做卷子，大家心中才有紧迫感，不会在某道题上花费特别多的时间，以免耽误后面的答题时间。

所以想要做好工作，在职场中有优秀的表现，我们可以参考考试做题的计划方式，把自己的计划表做得尽可能详细，甚至精确到秒，每一处小时间都不要放过，甚至休息的时间也要好好计划，以免放松过头耽误了工作。

坚持足够精益求精的态度，自然也会带给我们足够满意的结果。

§ 每天的 coffee time

新时代的办公人群里兴起了这样一个名词——coffee time。所谓 coffee time 的内涵远远不止中文翻译"咖啡时间"的意思,它主要代表的是休闲的时光。是的,在时间飞速流逝,人人都学时间管理的今天,工作、效率成了大家关注的重头戏,休闲反而成了被习惯性忽略或放弃的内容。

但事实上,那些沉迷于工作却不懂得给自己预留休闲时间的人,就犹如一头不断耕田而不知休息的牛,既对工作效率不负责,也对生命不负责。据研究报告显示,人们经常超负荷工作,迟迟不愿放松下来享受休闲时光，往往是出于以下两大原因：

一是，希望用努力和勤奋来换取更大的成就。这个成就既包括物质成就，也包括精神成就。

二是，希望通过发奋工作来逃避某些棘手问题。

但事实上，无论基于什么理由，平衡休闲与工作都是一件非常重要的事。因为这个世界并非非谁不可，地球也不是失去了谁就不再转动，在工作让你身心俱疲，或者对你的生活和健康造成干扰时，不妨让自己休闲一下，将烦人的工作任务放一边。在这个过程中，最重要的莫过于做好心态调节。

如果你认为成功意味着更多的财富和权力，那么你大可以将自己视为一位成功人士，然后向着目标发奋图强，但是，这并不意味着你要透支自己的身体来完成任务。强迫自己在身心俱疲的情况下硬扛到底并不是明智的选择，因为这会对你的健康造成损害。

很多时候，那些为成功拼搏的人都不愿意轻易停下来休闲一下，在他们眼里，休闲是浪费时间，也是对工作的不负责，因为大家普遍都认为只有"永动机"似的不停工作才是积极进取的表现，才能尽早得到成功。所以，即使到了身心俱疲的境地，也不愿意轻易放松，但事实上，懂得给自己预留休闲时间，而不是像一匹不知停歇的马一样狂奔才是一种人生智慧。

一方面，必要的休闲能够帮助人们养足精神，为未来的工作储备能量，在能量充足的情况下，目标将更容易达成，工作效率也会大大提升。另一方面，休闲能够让你暂时摆脱局中人的身份，换个角度看工作，或许你能得到新的启示和想法，不少工作难题也能迎刃而解。

在日常工作、生活中，我们要做的不是只工作或者只休闲，而是要力争工作、休闲相互平衡，既不让自己在休闲中颓废，也不让工作完全占据你的生活。要想做到这些，你可以尝试这样做。

1. 对自己的认知进行调整

不要再把"我要努力工作才能给父母妻子安稳幸福的生活""只要不停工作，我就能取得成功"等口头禅挂在嘴边，这样的心理暗示会给你施压，给你带来强烈的焦虑感，让你不得不逼迫自己不停地工作。所以，从现在开始，忘记这些想法和暗示，同时对自己的认知进行调整，不要给自己过高的期望和要求，并且不再将工作看作是人生的唯一价值。

2. 不要把工作休闲弄混

你要明确告诉自己，工作和休闲是两件事，混为一谈只会导致工作时效率低下，休闲时也未能尽兴。在经济和科技迅速发展的今天，工作和休闲更应有明确的界限，coffee time 就是这样的一个分界点，不要在味蕾享受咖啡的时候，大脑还在拼命工作，在休闲时，我们要的是放松和休息。

3. 保持兴趣爱好

业余的兴趣爱好能够丰富我们的日常生活，帮助我们对自己的精神状态进行调整，为了工作完全放弃自己的兴趣爱好并不明智。在休闲时，你大可按照自己的兴趣爱好对休闲时光进行安排，比如画画、练字、踢球等，在休闲放松的时候做自己喜欢的事情很幸福！

记住，工作狂可不是一个褒义词，因为工作不可能是生命的全部。我们工作可能是为了兴趣，也可能是为了生计，但是不管怎样，你的生活不能完全被工作占据，为了工作而牺牲全部生活是一件可怜又可怕的事。所以，从现在开始，珍惜、享受你每天的 coffee time 吧！

§ 利用好周末的时间角

对于现代人来说，一周最盼望的莫过于周末，那才是个人真正自由的时光。但可惜的是，很多人都无法很好地利用周末的时间，有的人睡到日上三竿，有的人只顾着娱乐却忘了自己一直想做却没空做的事……"虚度"往往成了周末的代名词。

"周末时间又是这样匆匆而过，周一醒来莫名感到空虚、压抑，我明白新的一周又开始了，而周末的大好时光我终究是浪费了。"看到小米的周末时间表，我终于知道她为什么总这么苦恼了。

3:00-13:00   睡觉

13:00-13:30   午饭

13:30-15:00   看剧

15:30-17:30   睡觉

18:00-18:30   晚饭

18:30-22:00   看剧

23:00-0:00   玩游戏

这样混乱的作息时间表让我惊讶，或许也有许多人不得不承认，小米的周末生活也是他们的真实写照。对于他们来讲，周末是对一周辛苦操劳的犒赏，因此，他们想多睡会儿、多玩会儿、多看会儿电视，以此来弥补前面一周的辛苦。事实上，大多数人其实并不希望浪费掉周末的时光，他们想的不过是放松一小会儿。可是，时间就是这样残忍、毫不留情，它悄悄从沉睡、娱乐的间隙匆匆溜走。没有管理意识，你就无法合理利用周末的时光，因为往往，人和人拉开差距的时间就是周末，优秀的人绝不会容许"虚度"成为周末的代名词。不信，我们可以观察一下一些举世闻名的 CEO 是如何度过他们的周末时光的。

太空探索技术公司 SpaceX 和特斯拉电动汽车公司 CEO 埃隆·马斯克的周末往往是在陪伴家人和工作中度过；推特和 Square 的联合创始人杰克·多西会利用周六的时间去运动，利用周日的时间总结、反馈前一周的工作并规划新工作；谷歌创始人谢尔盖·布林习惯利用周末时间参加户外运动；Wealthfront 的 CEO 亚当·纳什则将自己的周末时光划为妻子、孩子、朋友以及家务工作四个部分……这些知名 CEO 的周末时光未必都是在工作中度过，但也绝不是虚度。

帮助自己摆脱碌碌无为的泥潭也要从管理周末时间做起。

1. 尽量保持规律的作息时间

对许多人而言，一周忙碌后慵懒地度过周末是再惬意不过的事情了，因此晚睡晚起往往也是这些人的通病。的确，度过了忙碌的一周后，放松精神适当晚睡晚起无可厚非，但是如果作息时间过于混乱，晚上通宵达旦，早上睡到日上三竿却不是一件好事。一方面，混乱的作息时间会透支你的精力和健康；另一方面，时间往往就是在混乱的作息中匆匆而过的。因此，尽量保持规律的作息对合理利用周末时间十分重要，适当延后睡觉和起床的时间可以被允许，但也绝不能毫无计划地延后睡觉与起床的时间。

2. 陪伴家人

在工作日期间，由于工作等原因，忙碌的我们往往无暇顾及一直在我们身后默默支持着我们的家人。周末的时光就是我们"赎罪"的时光，趁着这个机会陪伴家人，能够拉近我们与家人之间的距离，也能够让一直关心我们的他们感到被爱与牵挂。

3. 发展个人兴趣

放松不一定要通过慵懒、赖床、睡觉等方式进行，你也可以弹弹琴、听听音乐、练练字……发展个人的兴趣爱好也是一种放松的方式。忙碌的工作周过后，在周末做点自己喜欢的事情能够帮助我们从紧张的工作、学习等压力中缓过劲来。

4. 整理房间

整洁、干净的生活环境能够让人由衷地感到放松和愉悦，同时对保持个人卫生和健康也有着不可忽视的作用。利用周日的时间对自己的生活环境进行打扫和整理，能够让我们以更加健康、轻松的心态和状态来应对新一周的忙碌工作。

5. 工作总结和计划

抽出一定的时间对前一周的工作、学习、生活进行总结，吸取前一周的经验与教训，了解自己的不足，方便自己重新起航。同时，对新一周的学习、工作和生活进行规划，这能帮你明确下周的工作、学习任务与目标，大大节省时间。

§ 生活需要有目标

时间管理是一个细水长流的工作，我们需要小步快走，不断积累自己的能力，一点一点地去提升效率，达成自己的目标。不管做什么，都应该有一个目标，然后再去慢慢实现。

我曾看过这样一个故事：

在香港的海洋公园中，曾经饲养过一条超过八千多公斤的巨大鲸鱼，这条鲸鱼不仅体型庞大，还是个优秀的杂技表演者，甚至可以跃出水面六米多，堪称是海洋公园中的明星。有些人说这条鲸鱼创造了奇迹，就问训练师："你们是如何训练出这样神奇的鲸鱼的呢？"

训练师讲解道，一开始他们只是将绳子放在水面下，鲸鱼每次从绳子上方游过的时候就能获得奖励，聪明的鲸鱼就知道这种方式可以获得奖励了。然后，训练师渐渐将绳子提高，但是每次都只提高一点点，所以鲸鱼几乎感受不到，每次都能够跃过去获得奖励，时间久了之后，鲸鱼感受不到困难，反而因为奖励而乐于接受训练，而训练师也逐步提高了最高高度，最终鲸鱼就能跃到六米多了。

每次提高两三厘米，最后达到六米多的成绩，这之间的差别有几百倍，需要多久的积累！你可能会觉得，跟六米多比起来两三厘米根本不算什么，即便缺少了也看不出，但就是这样可有可无的两三厘米，累积起来后才有了六米多，这就是每天做一点后，长时间累积的成果。

时间管理亦是如此。我们每天都可以进步一点，每天都可以节省一点时间，从短期来看你的时间和效率没有什么显著的变化，但从长期看却是飞跃式的改变，这一切的前提需要你有一个可以去为之努力的目标。管理你的时间，就需要长期坚持向着这个目标前进，有耐心和毅力才能达成，真正的时间管理并不应用在一次两次的工作中，而是融入生活里，它的效果也许不是很显著，却以慢而长久的方式，不断改变着我们的生活状态。

是否能管理好自己的时间，要从长远角度去看。能够实现目标，首先要会树立目标、实现目标。

1. 树立一个正确的目标

钉钉子的第一步，并不是挥舞你的锤子开始努力，而是先在木板或墙壁上找好你要钉的位置，选对一个位置并将钉子放在上面。努力是必然的，但并不是第一步最重要，重要的应该是找准位置和方向，也就是要先确定我们努力的目标是对的，这样才能够创造出成果。

如果一开始你就定错了位置，之后不管再钉多少下，不管钉子钉得多牢固，结果都是一样——必须拔出来重新再钉。所以寻找到一个方向和位置，是我们首先要确立的，这就相当于我们应该先找到钉钉子的小目标，向着这个目标去努力，才能保证大范围和大方向不出错。可以说，相对于长远目标而言，小目标、阶段性的计划等对我们来说更具有现实意义和价值。

就像我们听到王健林说"先定个小目标，挣它一个亿"的时候，都只是调侃和难以置信。正是因为觉得意外、觉得难以实施，所以我们才不会把这件事情当真，但如果这个目标只是挣一千块、一万块呢？相信不少人都会去思考这件事的可行性。所以确定一个正确的小目标，不仅可以让我们在人生道路上更有积极性，相对于长远目标来说，小目标确定对了，做起事来效率更高。

2. 利用"SMART"原则来进行目标管理

著名企业家李开复就曾经说过，管理学上的"SMART 原则"就是设定目标的最好参考，我们可以根据这个原则学会在生活和工作中设定每一个目标并完成，让我们的效率提升之路走得更好。

原则一，我们所设定的目标必须是一个具体的对象，不能是虚拟的、无法衡量的。有些人在设定目标的时候想法很好，但提出的内容往往不切实际，大到世界和平，小到多做善事，从多看一本书到多做一份工作，这样的目标都是太过虚拟、无法量化、不够准确的，因此也就不知道自己到底应该怎样完成。对于这样的目标，我们不妨用有数字的计划来替换一下，比如每月多看一本书、周末多找一个不低于三小时的兼职等，通过这种可以具体量化并实行的目标，我们将更好地判定自己的完成情况也更有完成的动力。

原则二，和上面所说的相关，这些目标应当可以通过具体的标准进行衡量，这样我们才能够清楚自己的完成情况。如果不能量化，我们就不知道自己完成得到底怎么样，也就无法评价自己，更不能鼓励自己更进一步。

原则三，我们的目标要有可行性，不能太过长远和达不到。也就是说，"能达到"将成为我们目标的"天花板"，如果你也像王健林那样，列出"我一年就赚一个亿"这样的目标，听起来就难以实施，也就谈不上真正去实践、认真去努力了，这就无法成为真正实现的目标。

原则四，我们所设定的每一个目标，都应该具备一定的相关性。也就是说，不同的目标之间要有关联，不能是完全独立的，并且要与我们的总方向保持一致。如果与其他的目标以及总目标毫无关联，那这个目标真的是必要的吗？通过审视这一点你会发现，只要是与最终目的相关的目标，基本上都会或多或少地与其他目标有相关性。

原则五，我们的目标必须要设定一个完成期限，不能是永无止境的。如果你所设定的目标没有截止日期，一个月完成也可以，一年完成也可以，一辈子完成也可以，它就失去了作为一个阶段性短期目标的意义和价值，无法起到鼓励进步的作用。

能够以这些技巧来设定我们的目标，然后坚持去实现，就是一种非常好的管理办法了。

§ 选择合适的"慢生活"

"速度""快""1分钟等于60秒"……当时间不断被具体化、形象化、量化，人们也逐渐迷失在赶时间中，似乎越来越难以说得清快乐是什么。因为在不断追赶的过程中，许多沿途的风景也在不断被错过，于是，"慢生活"的概念应运而生。

"慢生活"概念的提出是在1986年，那时意大利的卡尔洛·佩特里尼率先推出了"慢食运动"。在他看来，在快节奏的生存环境下，人们更应该放慢生活节奏，追求"慢饮食"，享受饮食的快乐过程。这里的慢其实并不完全指代速度慢，而是指心理上回归轻松的状态，从某个角度讲，"慢生活"代表了积极健康的生活方式和心理状态。

正如美国作家杰里米·里夫金所说的那样，"我们正在进入一个历史的新阶段——一个以工作不断地和不可避免地减少为特点的新阶段。"由此可见，"慢生活"是发展的必经之路，并且有专家指出，在快节奏的今天，我们更应该静下心来，慢下脚步去思考，因为金钱可以丰富人的生活，却未必能够提高生活质量；单纯为了物欲而不断催促自己去追赶时间的步伐，一步也不敢停下的人容易陷入焦头烂额、身心俱疲的状态。

当然，"慢生活"并不等同于拖延，更不等同于懒惰。以"慢生活"为名的拖延和不求上进都是虚度光阴。善于管理时间的人能够分清何为"慢生活"，何为虚度光阴，因为他们知道"慢生活"的目的在于寻求生活与工作的平衡。

我的朋友小繁就是忠实的"慢生活"推崇者，她习惯轻声细语，习惯细嚼慢咽，从她身上，我总能看到淡定和从容，与她交谈时也总感觉如沐春风。小繁虽然喜欢"慢生活"，却并不因慢吞吞而令人生厌，她习惯的是慢条斯理，优雅从容地生活，而不是速度上绝对的慢和拖延。在小繁看来，人绝不该把生活过得火急火燎，更不能因为匆忙而显得乱糟糟。小繁的生活方式和状态不是羡慕来的，而是学来的，想要过好"慢生活"，你不妨这么做。

1. 慢慢吃，享受饮食的乐趣

许多人在吃饭的时候，习惯狼吞虎咽，这种吃法只是让你看上去仿佛在争分夺秒。但事实上，有百害而无一利，因为它不仅无法令你体会到食物的美味，也不利于健康，过快的吃饭速度对肠胃而言是一种负担。相反，你如果能够在吃饭的时候细嚼慢咽，则一方面能享受到美味的食物，另一方面也能在此过程中释放压力与焦虑。

2. 仔细阅读，珍惜时光的馈赠

在碎片化阅读越来越受人关注的今天，每日用 30 ~ 60 分钟的整块时间进行慢阅读，细细品味书中的乐趣，既能够感受到良好的阅读体验，也能够真正沉下心来去体会书中的内涵，让自己的内心得到净化和升华。

3. 舒缓运动，消除身心疲惫

相较于剧烈运动，舒缓的运动更能帮助我们放松身心，舒缓压力。这类运动包括瑜伽、太极拳、散步等。

4. 做好规划，合理安排时间

要想过上优雅从容的"慢生活"，规划是必不可少的，有规律、有计划的生活能够让我们更从容不迫。试想，一个经常拖延的人又如何能够过好"慢生活"呢？他的大部分时光都会在拖延后的不断赶工中进行。

习惯了快节奏的日子，不妨让自己慢下来，体会"慢生活"的乐趣。快和慢并不总是相对的，完全快节奏的生活容易让人错失许多美好，适当慢下来，学会享受生活才能为快速前进打下坚实基础。

§ 给自己的兴趣留一点时间

一个有趣的灵魂，不可能将所有的时间都放在工作上，他们一定有自己感兴趣的事情，并且能将自己的兴趣钻研得很好。但很多人都会面临这样一个矛盾——开始工作后，平时的时间显得特别不够用，每天下班回家就很疲惫了，周末只想在床上躺着，根本没有力气去做自己感兴趣的事。

这可能是你的时间安排不太合理，导致你没有给自己的兴趣留下足够的时间。其他的工作和琐事占用了你的兴趣时间，但是你很难找到合适的时间并产生冲动，去做自己喜欢的事情。

这种情况下，你需要专门给自己的兴趣留一点时间。如果你的工作量比较弹性，可以相对减少自己的工作量，让自己的精力变得更加充沛一些，从而过高质量的生活；如果你周末有空闲时间，却因为大量的应酬和聚会玩乐失去了时间，那不妨每周都给自己的兴趣设立一个专门的时间区，在这段时间内，可以安静地做自己想做的、喜欢做的事情。

如果你已经有了足够的时间去做这些事情，而你还是不愿意动手的话，那很简单，还是你的兴趣不够浓厚，所以动力才不足。对真正感兴趣的事情，不管多忙，你也愿意熬夜去做，透支精力去做，这才是面对兴趣真正的表现。当你表现出一种兴致缺缺时，首先你应该思考，现在这件事还是你真正想做的吗？

要是你还想去做，却苦于没有时间，那你就应该学习一下如何将兴趣和时间管理结合起来，坚持宝贵的兴趣了。

1. 我们每个人都应该花时间去培养一个长久的兴趣

这并不是一种无所谓的东西，一个人有兴趣才会有生活情趣，当你愿意在一件不一定能给你带来利益也没有情感回馈、可有可无的事情上花时间和精力的时候，说明你是真正源于爱和好奇心，才愿意去做这件事。而有了好奇，我们才会更愿意去探索世界，生活才会变得丰富多彩且富有情趣。越是工作繁忙，就越要保持自己的兴趣，因为这样你才能够在忙碌的工作之后，将自己的精神完全投入到感兴趣的事情上，得到灵魂上的放松和休憩。

每个人都应该花时间去培养长久的兴趣，这是很重要的。同时你也要注意，当你决定将其作为兴趣的时候，就应该用合理的方式对其进行安排，让自己坚持下去，而不是随性而为。很多人做事总是喜欢浅尝辄止，刚刚尝试过之后，就不愿意再深入研究，所以什么都会一点，但什么都不精。很多时候，你刚刚尝试和入门，是感受不到其乐趣所在的，只有真正去花一些时间和精力，你才能体会到它的美妙之处。所以，培养兴趣应该坚持，至少要真正了解了这件事后再去谈你到底喜不喜欢，这才是对自己负责的一种表现。

2. 21天，给自己的兴趣留一点时间

我们可以通过21天定律来培养自己的兴趣和习惯。对于一个你感兴趣且想要坚持的事情，你可以每天留出短暂的一点时间去尝试，但是要天天坚持，这样坚持超过21天之后，就可以建立肌肉性的条件反射，我们将从生理上记住这个习惯，从而真正实现长期的坚持。

这也是培养兴趣时可以利用的一种时间管理方法。如果你想要尝试的是一件新鲜事物，那么坚持21天，不仅可以让你养成每天研究的习惯，还能让你在一定程度上对这件事有较为深刻的了解，这样你就能够理性地思考自己是否愿意去长期坚持，并且是否对这件事感兴趣。

3. 积少成多，利用零碎时间来做自己感兴趣的事

做感兴趣的事没有压力，我们不会像工作上的一些束缚那样感到紧张，也没有人要求我们一定要做到多么完美的程度。这种情况下，我们完全可以将碎片化时间利用起来，在零碎的时间内做自己感兴趣的事，这些零碎时间往往不够规整，所以很多时候我们不愿意用来做与工作相关的事，以免注意力不集中或者做起来不连贯，最终影响工作效果。因此，这些零碎时间完全可以用来放在我们的兴趣上，毕竟没有人要求我们完成什么"兴趣目标"，可以更轻松一点不是吗？

4. 做感兴趣的事情，保持快乐和积极性才是最重要的

我相信总有一些人有这种想法，他们有相当强烈的求胜欲和竞争欲，哪怕是在业余兴趣上，也想要和别人一较高下，要做到优秀才肯承认自己。这样就会给自己带来无形的压力，很多时候我们也会因为这些压力产生挫败感，最终失去兴趣。事实上，当你放弃这些想法，享受做自己喜欢的事情的过程时，你会发现一切可以更快乐更积极，你也可以从中获取到更多情感上的满足。

当兴趣变得更加纯粹时，我们才能从中体会到单纯的快乐。

§ 家庭的人生占比

　　家是温暖的港湾，家人对我们的付出是无私的，无时无刻的陪伴是他们对我们最好、最长情的告白。

　　但是，在竞争日益激烈的今天，工作的操劳似乎剥夺了我们和家人相处的时光，忙碌的我们总是没有时间和空闲去陪伴我们最亲近的人。殊不知，我们的家人一直在等着我们，等着我们陪他们共进晚餐、陪他们休闲娱乐、陪他们聊聊天，可是这样简单的愿望却时常落空。我们在工作能力、薪水水涨船高的同时也承受着不可忽视的损失：忽略了我们的亲人、家人，家庭在长期忽视和缺乏陪伴的情况下变得不再温暖。这样的损失令人惊心和遗憾，并且这样的事情在日常生活中并不少见。

据相关调查显示，平均每日陪伴家人的时间低于一小时的人超过了三分之二；超过 70% 的女性表示因为长期缺少陪伴而感到不幸福；超过 60% 的职场人士每年家庭聚会次数低于 3 次……这些数据看上去都令人心凉。在现代社会，陪伴家人似乎成了一件奢侈品。

是的，工作在生活中占据着极其重要的地位，但相比起来，家人、家庭的重要性有过之而无不及。最简单的例子就是，在你离职后，你的公司会迅速找到交接你工作的同事，公司不会因为失去了你而止步不前，但是如果你离开了你的家人，你的家人会一直沉浸在失去的痛苦中……如此看来，你还舍得忽视家人吗？反思一下，你有多久没有好好花时间花心思陪伴你的家人了呢？

要知道，陪伴家人是我们每个人的义务，不管你有多忙，都应该腾出一些时间陪伴自己的家人，与他们共享天伦之乐。在此期间，他们会高兴，你也能从忙碌的工作和紧张的压力中释放出来，享受放松的时刻。

在韩国的某档节目中，就出现了这样的一幕场景：一位韩国青年询问马云有没有最后悔的事。马云是这么回答的："我后悔终日忙工作，根本没时间陪陪家人，要是能再活一次，我绝对不会再这样了。我的妻子说得好：'你并不是我的人，你属于阿里巴巴。'"马云言语间的愧疚和眸中的泪光令人动容和叹息。

曾几何时，我们也是如此忽视陪伴对于家人的意义。如果时间管理只教会我们工作工作工作，而不教会我们陪伴家人，那么，可以断言，这样的时间管理是失败的，因为它连最基本、最重要的家庭和工作的关系都无法平衡。真正优秀的时间管理者一定会抽出时间陪伴家人，平衡好家庭的占比。在日常生活中，他们往往是这么做的。

1. 多交谈

交谈是沟通情感的一大手段，通过交谈，我们能够及时让家人了解我们的生活、工作，同时也能及时了解家人的情况，这对拉近彼此关系有着举足轻重的作用。因此，在平时，一定要学会创造交谈的机会，即使没有办法面对面交谈，也要适当抽出时间打个电话，表达自己的慰问与关心。

2. 与孩子单独约会

如果你已经有了孩子，那么，千万不要忽略他们的感受。因为孩子的心灵是脆弱的，他们总需要强烈的被重视感，来确认他们是你最爱的宝贝。所以，在平时，一定要抽出空闲时间来陪伴自己的孩子，单独带他们出去玩、逛超市……他们一定会为你的陪伴感到高兴、幸福。

3. 倾听的魅力

很多时候，倾听远比诉说更加重要。一味地向家人诉说，只会让你错过他们的小情绪，在日常生活中，他们也有很多或有趣、或疑惑、或难过、或不满的事情想要跟你分享。

总之，家人对我们是真心的，他们发自内心希望我们能够获得幸福。所以，多腾出时间来陪伴家人，跟他们分享我们的生活、感情，或许他们没能帮上什么忙，但却能给我们情感支持，让我们知道自己永远不是一个人在战斗。

第四辑

时间是弯曲的，每点都有无限的可能

如果时间的前行也有痕迹，那它一定行走在弯曲的道路上。

　　弯曲的路线通往未知的方向，这让我们在生活的每个时间段，都会面临不同可能的未来。正是因为这种无限的可能，才让我们的人生变得更加丰富、充满不确定性，谁也不知道下一秒会蹦出什么惊喜。

　　时代在不断发展，时间的概念也在不断变化，我们只有不断适应这些可能性，才能始终掌控好手中的时间，进而掌控自己的人生。

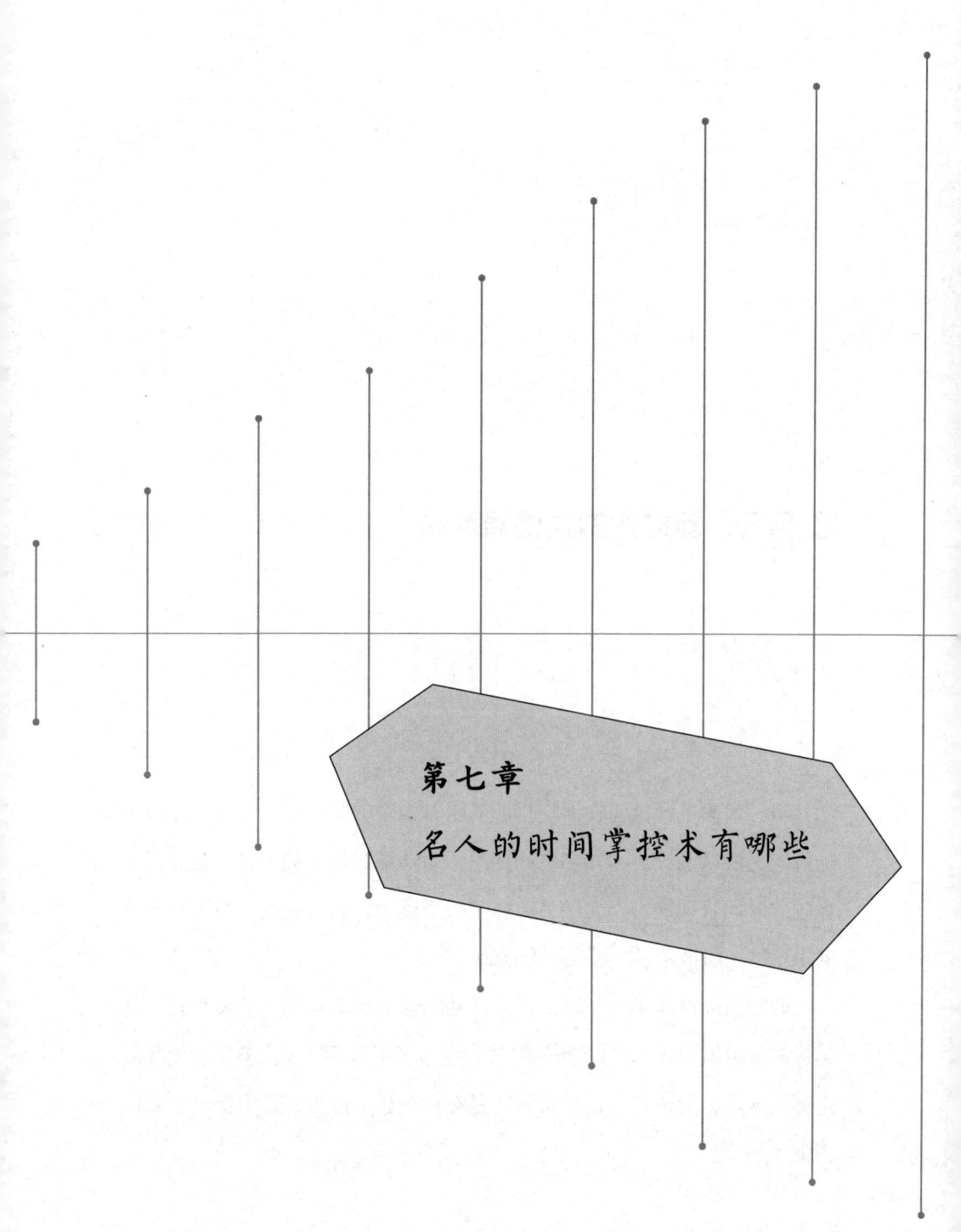

第七章

名人的时间掌控术有哪些

§ 马云：新时代的大格局观念

　　新时代的电商企业在面临机遇的同时也在面临挑战。阿里巴巴旗下的淘宝之所以能够成为知名购物网站，与其新时代下的大格局观念以及卓越的时间管理能力不无关系。在某种程度上，新时代的大格局观念将阿里巴巴集团推向了一个又一个巅峰。

　　放眼当今电商企业，马云凭借成功的营销策略使淘宝在短短几年内迅速攀上中国 C2C 交易市场的峰顶，创造了互联网电子商务企业的发展奇迹。如今，无论是在市场份额还是在用户忠诚度上，淘宝都处于行内顶尖水平。

以前，在日常购物中，你也许会面临着没时间、售后服务差、缺乏同类商品对比、货源少、信息量不足等问题，但是淘宝出现后，这些问题都能迎刃而解。可以说，淘宝真正地改变了人们的生活方式，随着时间的累积，淘宝的知名度越来越高，用户越来越广，销量也越来越大。如今，它有着丰富的商品信息和购物渠道，大量的用户评价、买家秀、卖家秀与问大家等参数都使广大用户对淘宝平台上的商品有了更全面的认识，这也是传统商务的受欢迎度不比淘宝的原因。

此外，淘宝的优势还可以大体归结为两个：一是便捷的支付方式。支付宝等移动支付方式的加入成为淘宝的一大优势，一键支付、免密支付等优势在电商崛起初期就可见一斑了；二是购物效率。淘宝提高了用户和店家交流的效率，使用过淘宝的人应该都知道，淘宝客服可分为人工客服和自动回复，对于一些基本的常见问题，用户可以通过快捷键直接查询并立刻得到答案，例如尺码推荐、发货时间等问题都可以由卖家通过提前预设，直接输出答案，这样的好处在于既能提高效率，又能第一时间解决客户问题，提升客户满意度。

在新时代背景下，电商企业想要在潮流中屹立不倒，不仅要求企业领导者有大局观念，同时也要有时间意识。企业的时间管理需要管理者对资源价值的识别、架构、制造和交换有全面的认识和掌握。

可见，淘宝只是马云大局下的一个成功缩影。马云追求的是深刻改变人的生活方式，打造无边界的生活消费以及"线上 + 线下"产业，他的布局不仅是电商或移动互联网，在他看来，做电商的人不应该只基于产品格局，而应该基于行业格局。在他的大格局观念中，大格局意味着有大方向，也意味着大气度，是整合资源，从人脉上突破格局、扬长避短，从强项上突破事业的格局。

最重要的是，在马云的大格局观念中，他所要建立的并不是商业帝国，而是商业生态系统。为了进一步打开大格局，淘宝也在与时俱进，近年来阿里巴巴 VR 实验室正专注于致力发展虚拟经济，期待为人们带来优质的未来购物体验。

所谓未来购物体验是指通过 VR 技术，还原购物场景。在 Buy+ 计划中，淘宝将带领消费者来一次"穿越"体验，用户可以随时随地进入相应的虚拟场景浏览并选购商品，这可以说是马云突破地域、时间等格局的创新之举。此举以极佳的消费体验与购物便利的优势在电商竞争中取得了跨时代的胜利，并得到了更多消费者的支持。简单来讲，阿里巴巴的这种理念即为省时消费，在你想要购买梅西百货、澳洲牧场等商场的商品时，只需要打开 Buy+，就可以进入虚拟商场，全程无须长途跋涉，即可获得"真实"的购物体验。由此可以看出，VR 之所以受消费者青睐，跟淘宝对消费者省时心态的了解优势有关。

显然，在时间管理上，淘宝是新时代电商企业中做得近乎完美的。以上共通的成功案例也都体现出时间管理和大格局观念对新时代电商企业的重要性，从中我们也可以汲取到一些新时代的大格局理念的经验。

1. 使用大数据巧妙管理时间

企业管理往往需要接触大量的数据，互联网时代的产物大数据不仅适用于企业管理，更适用于你的工作。大数据能够节约你的工作时间，使你的工作效率得到大幅提升；对数据的理解和分析有利于你把握整体，制订出相关计划，提升决策力；同时大数据在一定程度上，还能帮助你发现隐性需求，能够直接让你通过分析得到有用的信息，从而获得商机和更深层次的能力。如果没有大数据的思维，可能需要花大量的时间做工作调查从而得到隐性需求。阿里巴巴可以通过大数据来把握市场趋势，从而比其他企业先获得商机，进而达到更快地抓住机遇、满足市场需求的效果。

2.不以完美主义完成工作，对工作效果有理性判断

淘宝不可能是完美的，在购物体验上，它无法照顾到方方面面的需求，它只能通过判断和统计为最重要的用户需求做出适当改变。同理，你的每一份工作也不可能是完美的，追求完美主义，意味着你要将精力花在修改细节上。要知道，时间是有限的，如果你将过多的时间投入在追求完美上，那么你也失去了完成更重要工作的时间。

优秀的时间管理者，在面临和选择工作时，应当对工作效果有大致判断，他会清楚自己能够完成的最大程度是如何的，绝不会把时间花在追求完美和细枝末节上。追求完美而舍弃另一个更重要的任务是一种舍本逐末的行为，例如，马云对淘宝的设计投入是立足于整个市场的需求和动向，而不是完全满足某一类人群的需求，这是管理能力的体现。

3.坚持大格局观念，不拘小节

马云认为，有大格局才有大方向，企业要想成为行业之首，大格局观念是不可或缺的。试想，如果马云不掌握电商企业的大格局，任由淘宝自由发展，甚至任由它与新时代背离，那么何来淘宝今日的成功？

同理也适用于个人，只有对社会的动态与趋势有更加全面清晰的认识，才能及时把握当前形势，及时对自己的发展方向做出调整。

§ 马化腾：小企鹅的进化史

提起腾讯，许多人的脑海里可能都会联想到那只憨态可掬的小企鹅。事实上，回顾小企鹅的进化史，我们不难发现，腾讯的持续创新能力一直在鞭笞着企业不断转型和迭代，并且这种创新完全是随着市场的需求变动而萌发。

对于这个快速发展的即时通信服务商，《商业周刊》是这样点评的——中国即时通信的统治者。事实也确实如此，自创建以来，短短几年里，腾讯的小企鹅就迅速获得了广大中国网民的认可和喜爱。如今，在中国使用 QQ 的人数众多，远超其他各即时通信软件。

　　说到腾讯的崛起，最令人震惊和钦佩的莫过于它的敏捷。早在腾讯QQ刚推出的几年里，它的迭代频率高达一月一次，也就是说，界面设计分配的时间最多不过 1 ~ 2 周，并且大部分进度与软件编程开发重叠，分配到前端流程，如需求分析、竞品分析的时间则更少了，测试的时间更是少得可怜。这样设计开发出来的软件中夹杂着许多未知的 feature（特征、容貌）、bug（漏洞）以及待调整的 UI（用户界面）样式……

　　但是，这并不妨碍用户的热情与体验感，因为他们知道，腾讯很快会对这些小缺陷进行调整和处理。从互联网的角度来讲，腾讯的这种迭代方法属于渐进式，马化腾自己则称之为"小步快跑，试错迭代"。他曾经在某采访中表示："我们能够做到快速反应。例如，我们周六看到了反馈，最晚下周一就修改完毕。我们团队内部长期灌输的就是这样的思想——小步快跑，用快速运营去做产品。"从某种意义上讲，这种迭代方式是腾讯发展的原动力，也是腾讯黏度的保证。在这个时期，"快"是腾讯的代名词。

　　2005 年，腾讯已然声名四起。这时候，马化腾又提出了新的要求——为企业打造出规范的、平台型的产品检验反馈体系。他的具体做法是这样的：要求各业务线主管每日输出业务指标报告，报告应包含包月用户数量、详细变动情况、同比、环比情况。在马化腾看来，数据是会说话的，如果经营企业却不去关注这些数据变化，那么企业的反应速度就会大打折扣。到了 2008 年，马化腾又将数字经营的想法渗透到门户网站的运营中来，他要求业务主管们每日都要输出数字报告，报告广告资源的消耗、黄金位置的消耗，并要求所有与网媒、广告营销相关的领导都必须培养数字运营的意识和能力，建立明确的数字运营体系，了解投入产出比例，分析其中的原因。

为了达到了解用户真实需求的目的，腾讯还专门设立了产品交流平台——Support。这个平台容纳了海量用户，用户可以通过"我要说一下"来对腾讯产品进行评价和反馈，产品经理们就是通过和用户这样直接沟通交流的方式来获取用户的真实感受。到了此时，腾讯的发展更注重的是——"高效"。

据说在腾讯发展的过程中，还发生过一件非常有趣的事情。原来，小企鹅的形象之所以那么火，首功当归东利行，这家公司目前是我国最专业的卡通运营商之一。据说当时，设计 QQ 企鹅形象的时候，东利行还是一个名不见经传的小公司，设计出戴围巾的小企鹅形象后，东利行还相应推出了 QQ 企鹅周边玩具及产品。慢慢地，小企鹅的形象开始受人喜爱，广受欢迎，东利行公司自然也水涨船高。那时候，有人疑惑腾讯为什么要放过这样一块大蛋糕呢？马化腾是这样回应的："或许在你们看来，这是损失。但是，在我看来，我们可以更多地把精力放在我们的主业产品。让专业的人做专业的事是我们的策略。"

纵观小企鹅的这段发展史，我们同样可以汲取到许多时间管理的经验。

1. 提高响应能力与效率，提高时间利用率

"小步快跑"的滚动式调整要求腾讯有快速响应的能力与较高的工作效率，中间任何一环掉链子都会导致整个迭代延后，甚至是失败。同理也适用于我们的日常生活，在日常生活中，如果没有快速响应的能力或者工作效率低，那么时间的利用率自然会大受影响。

2. 让数字说话，让工作更高效

尤其对于企业来讲，掌握数据十分重要。因为在工作中，你可以通

过整理数据来更高效合理地安排工作，这其实也是一种节省时间的管理方法。

3.让专业的人做专业的事，节省不必要浪费的时间与精力

很显然，在关于形象设计和周边产品推出的策略上，马化腾做了一个非常明智的选择。腾讯在形象设计和周边产品制作推广方面显然不是专家，如果强行将这块业务揽在身上，则很有可能浪费了大量时间，还无法达到预期效果。相反的，将这一业务授权出去，则能节省大量的时间精力投入到主业产品中。在日常生活中，我们也要有这样的意识，尽量不要在不熟悉的领域逞强。

§ 乔布斯：从天而降的苹果

从天而降的苹果不只是砸出了物理学家牛顿，更是砸出了苹果教父乔布斯。追溯回功能手机时代，诺基亚是当时当之无愧的王者，但随着互联网的出现与发展，智能手机普遍被大众所认可，而苹果手机更是智能手机中的佼佼者。

纵观手机市场，苹果产品一直被模仿，但从未被超越。客观来看，苹果相对于其他产品的优势大致可分为三个方面：

一是硬件。相比其他品牌的产品，苹果的 CPU 性能是无法比拟的，它上网速度极快、图像解析能力超强、像素极高、操作流畅、卡机现象较少，这一优势使得苹果广受爱好摄像及对图片像素要求较高的人群的青睐。此外，苹果的 GPS 定位的精细程度也很高，并且由于工艺性强，内部元件的排线布局好，核心足够优秀，苹果产品的寿命也就相应较长。

二是系统。后台应用对产品运行速度的影响比其他产品小很多，换言之，其他产品所担心的卡顿问题对苹果来说不值一提，因为苹果后台应用对运行的影响可谓是微乎其微。还有就是苹果产品在保护用户隐私方面也做得十分完美，用户的指纹密码等数据被保存在芯片内，如若手机被盗，其定位功能可帮用户追踪手机位置，同时芯片加锁的机制也可以保证信息和隐私不被泄露。

三是生态。从综合实力上看，苹果的系统略胜其他产品一筹，因为苹果拥有丰富的、优质的软件应用。从整体上看，苹果更为先进，信息及应用程序更新速度更快。

综合这三点，我们可以看到苹果公司的成功在于优化消费者速度体验感的成功。以苹果手机为例，它在操作流畅度、上网速率等方面的优势毋庸置疑。苹果教父乔布斯先生曾说："苹果的核心不是技术，而是技术与人文的结合，只有新技术和消费者需求真正融合的时候，才能产生创新的产品。"苹果手机最初的设计理念是服务消费者，将手机和消费者需求紧密贴合，以消费者的舒适度、速度体验感为先，而非一味沉浸在技术高端但封闭的世界。

反观诺基亚手机，它之所以被手机市场淘汰，被智能时代抛弃，未必是技术层面的问题，更多的是消费者速度体验感的问题。当生产与消费不同步时，淘汰是自然而然的事情。时代在变，消费者的需求也日益丰富多样，企业要站稳脚跟，便需要与时俱进，有产品思维，将产品做到极致，这是一个企业成功的关键。

值得注意的是，在产品思维这点上，乔布斯做到了专业、垂直与聚焦。苹果手机可以成为手机市场中遥遥领先的大品牌，与设计者乔布斯的产品思维有极大关系，正所谓细节决定成败。乔布斯对于细节问题的要求十分严格，坚决将产品做到极致，要知道智能手机争夺战所争夺的不是技术、手机质量，而是消费者的满意度。经统计，消费者对手机运行速度有很大的需求，要想打赢这场仗，就必须帮助消费者在节约时间上花心思。从手机产品到企业工作管理，都要有争分夺秒的意识，如果无法带给消费者需要的消费体验，必会被时代所淘汰。

当然，真正的赢家不仅仅要在产品创新上下功夫，要想真正得到长远发展还要在生态系统上创新。因为仅仅改良手机的性能是不够的，以发展的眼光来看待，手机的核心技术只是发展的基础和前提，注重时间观念，在技术上追求与时俱进，才是在新时代谋求新发展的关键！

综上所述，我们不难发现，苹果不被时代抛弃的原因就是其永不停滞的创新精神以及超强的时间管理意识。对此，我们可以向苹果公司学习一些成功的经验。

1. 创新意识利于工作提效，时间概念令你客观看待并解决工作问题

诺基亚手机之所以落败，不只是技术的落后，更重要的是诺基亚企业在时间管理意识上远不如苹果，无法做到与时俱进，它错过了手机革命的良好时机，让苹果捷足先登。而苹果在产品设计理念上的大胆创新使苹果产品屹立于发展的洪流中，永不露怯。企业如此，个人也是如此，如果你在工作时只求安稳，没有创新意识，那么你的工作效率与竞争力将随之下降。相反，如果你在工作时勇于创新，那么你的工作也将不再

只是枯燥地重复，并且工作效率也会得到大大的提升。

一个懂得时间管理的人必会不断学习以便跟上时代的更新速度，时间会鞭策你用创新性的方法解决手头的工作，令你无暇沉浸在昨日工作的巅峰，此时你的意识会更加客观清晰，自身也会得到更快的进步。

2. 做一个有计划性、有组织性的工作者

在规定时间内解决工作，首先要做好计划。因此在工作正式开展前，就要做好清晰的计划，尤其要注意计划细节，工作的计划也应如此，每个时间节点须完成的工作都要事先计划清楚，只有这样，到了落实工作时，其计划性、组织性才能真正体现出来。

优秀的时间管理者的计划性会更强。因为管理时间的基本方法就是计划，只有按照实际，将计划认真落实到工作上，工作才能有条不紊地进行。例如苹果对于产品硬件、系统和外观等部分的变更和改革都是事先制订计划，只有这样苹果才能抢占先机，要知道，计划性与时效性息息相关，苹果产品能够不失时机的推出，离不开工作开展前详细的计划，这给苹果争取到最佳的时机。因此，工作高效离不开具体计划，每一份看似棘手的工作，都可以通过具体计划予以解决。

苹果的成功与设计者的产品思维创新、生态系统的打造、时间观念性有着千丝万缕的联系，这些优秀品质共同使苹果以综合优势压倒了其他品牌的手机。

§比尔·盖茨：Windows 的更新

　　微软公司最为著名和畅销的产品是 Microsoft Windows 操作系统及基于此系统的 Office 系列软件，可以说，比尔·盖茨一手创办的微软公司是世界上最成功的企业之一。如今，Microsoft Windows 操作系统及基于此系统的 Office 系列软件对于办公、学习以及生活起着至关重要的作用。不得不承认，比尔·盖茨对于互联网产业的贡献是巨大的，而他之所以可以成为成功的企业家，创建出如此强大的 Windows 操作系统，与他对人生强烈的计划性、对时间的管理性有密不可分的关系。

　　由比尔·盖茨创办的微软公司英文名字叫作 Microsoft。事实上，

Microsoft 是由两个词组成，即 micro 和 soft。什么是 micro？其实，它不只有微小的意思，更有微电脑的意思；而所谓的 soft 指的不是软，而是代表 software，是软体、软件的意思，也就是微软公司所设计的是给微小电脑使用的软件。至今，微软还一直在致力于 Windows 操作系统的开发和完善，可见作为微软的创始人，比尔·盖茨眼光的长远是常人难以想象的。

当年，在互联网尚未完善，计算机体积仍然极其巨大的时候，盖茨就已经创办了微软企业。早在那时，他就已经立志为二十多年后的微小计算机创建系统，可见要想做一名优秀的管理者，就必须有抢占市场先机的意识，要勇为人先，理性分析局面，善于抓住机遇，并且还要能够掌握信息时代的未来趋势。可以说，从 Windows 出现的那刻起，比尔·盖茨就已然为 Windows 的更新做了大量准备。

现如今，随着计算机的快速发展和 Windows 的不断更新，Microsoft 更加方便了我们的学习、工作和生活，这很大程度上都要归功于其优秀的管理者比尔·盖茨先生。那么，为什么比尔·盖茨能够创建出伟大的微软公司呢？原因有三：

一是，起步早。孩提时期的比尔·盖茨就对计算机有着浓厚的兴趣，他的大部分时间都用在对编程的研究上，这为 Windows 的诞生及更新奠定了基础。

二是，目标明确。青年时期的比尔·盖茨就创办了第一家软件公司，他花了大量的时间将学习到的技能付诸实践，这进一步促进了 Windows 的出现和发展。

三是，理性判断自我价值和市场动向，敢为人先。比尔·盖茨对自我的认知十分准确，一直专注于微软的开发和应用。他深刻懂得与时俱进的意义，细心观察市场动态，及时把握时机，于 1975 年 4 月 4 日成立微软公司，成功抢占了互联网市场份额。

综上所述，不难发现，比尔·盖茨创办的 Windows 能够成功，在于对市场未来最大趋势的精准把握以及优秀的管理能力。由此，我们不难总结出比尔·盖茨及 Windows 成功的时间管理经验。

1. 要事为先，判断工作的重要性，选择解决最重要的工作

Windows 的更新总能够满足人们对系统的需求，这就要求微软公司对于市场趋势和市场需求有准确的认知和把握。面对多种多样的需求，微软公司必须筛选出最重要的工作并优先完成。

这与"六点优先工作制"的方法有关。所谓"六点优先工作制"，就是要求你每天都要把工作按照重要性排序，分别从 1 到 6 标出六件重要的事情，然后投入最大的精力由标号为 1 的事情做起，用最好的状态去高效完成。在日常生活中，也许你会面对各种紧急的任务，但紧急的任务并非都是最重要的任务，这时就需要你先对工作任务有一个判断，将最重要的工作优先完成。从矛盾观的角度出发，即集中力量解决主要矛盾，完成了最重要的工作后，你的工作状态才能得到提升。

优秀的时间管理者在面对工作时，都能保持理性的判断。他们明白工作需要投入多大精力和多少时间，也能够依据自己的能力制订出有条理的计划，将更多的心力花在最重要的工作上。

2. 拒绝拖延，安排"不被打扰"的时间

微软之所以能够走入计算机行业，被大众所认可，是因为其能够及时把握市场需求，做到在"不被打扰"的时间内合理设计并及时更新 Windows。"不拖沓"是我们能从 Windows 更新中学到的最重要的时间

管理原则。

要向微软学习，就要从主观上要求自己不把工作留给明天。在日常工作中，你可能需要做一份时间日志，记录自己每天的耗时情况。在回顾一天的日志时，你便能找到浪费时间的根源，这能帮助你在主观上意识到时间的重要性，从主观上做到拒绝拖延。

同时，在客观上，你要为自己打造出"不被打扰"的环境。如果你的自律性较弱，那么创造"不被打扰"的环境对你工作效率的提升至关重要。

3. 把握整体，不在不必要的细节上浪费时间

Windows 的更新不可能因细节而忽略整体，因为微软所注重的是整体的市场需求，所以 Windows 只能为最重要的用户需求更新。善用时间管理的人，也更加注重大局趋势和工作的整体把握，要知道，有些时候整体大于部分之和，这是系统论的观点，同时也适用于个人对工作的把握。在日常工作中，不要因为过分纠结小细节而忽略了整体，将大部分时间浪费在修整细节上而不是整体规划上，这是不理智、不科学的。

比尔·盖茨对时间的管理能力是卓越的，Windows 的诞生和后续更新离不开比尔·盖茨对市场未来趋势的把握。我们也许不能成为下一个比尔·盖茨，但却能够站在巨人的肩膀上，学习他的时间管理手段，在某个领域不断突破自己。

§ 刘强东：京东赢在思维模式

现在，互联网的飞速发展催生了许多电商企业，在时间的洪流中，大部分电商企业惨遭淘汰。但是，以敏捷的供应链为思维模式的京东却常年稳居电商企业的前列，这很大程度上归因于京东在其供应链思维中加入了时间管理的理念，大大提升了供应链的敏捷度。可以说，京东之所以能在同行间脱颖而出，与其思维模式有着千丝万缕的联系。

2018 年 3 月 12 日，京东集团与供应链方案主导者、全球领军企业高管李效良博士共同宣布全球供应链创新中心，即 GSIC 正式成立。一直以来，在零售行业供应链方面，京东有着巨大实力，本次 GSIC 的成立彰显了京东打造供应链基础设施的决心。

GSIC 的背后代表着数字化、智能化和网络化。在大数据支撑下，京东集团凭借打造敏捷的供应链发挥企业价值，提高企业知名度，这是一个由被动到主动的过程，即规模化到服务化。显然，京东野心勃勃，立志打造出一个以互联网为手段，致力于构建智慧、敏捷供应链的电商企业的生态系统，这也是京东集团日益壮大的表现。

京东是 B2C 的典型企业，它通过平台商和店主互相配合，为消费者提供供应链服务。由此可见，如何做好供应链管理是京东面临的最大考验，因为这种供应链管理要求呈现出精益化特点，不断提高服务的质量，进而提升用户体验。为此，京东将自己的侧重点聚焦于响应的敏捷性上。那么，为什么需要打造敏捷的供应链呢？原因有四：

一是当今市场竞争日益激烈。淘宝、亚马逊等对手不可小觑，如若京东放松了对供应链的管理，脱离了京东特有的敏捷供应链的思维模式，那么就容易落得被时代抛弃的下场。

二是只有敏捷的供应链才能使京东掌握主动权。掌握了主动权就意味着无须被动响应消费者的需求，被动响应既不能满足消费者，长此以往还容易导致亏损乃至破产。

三是供应链的敏捷性对企业成本有着十分重要的影响。如果供应链在物流配送等方面能够做到敏捷反应，则用户体验会得到极大提升，那么售后、投诉等问题发生的概率也会大大减少。同时，供应链敏捷度越高则意味着企业效率越高，这对于企业核心竞争力的提高影响极大。

四是如今已是互联网电商时代，电商企业想要问鼎行业榜首，就必须为客户提供个性化、多样化的服务。这就要求电商企业提供比传统商务更为广泛的服务范围，如二十四小时提供客服服务、高配送效率、优质售后服务以及多样化的支付方式。这类服务无不与物流、信息流和资金流有关，这正是京东的优势所在，换句话说，如若没有敏捷的供应链，或者供应链不够敏捷，那么京东是无法在互联网电商企业中立足的。

在如今网络飞速发展的社会中，用户对时效性的要求势必越来越高，商家响应速度慢、配送时间过长、客服服务超时等情况都会给用户带来不舒适的购物体验。可见，任何一个企业想要成功，尤其是新时代的电商企业，都必须以快速反馈、敏捷响应为核心。京东致力打造敏捷的供应链便能巧妙解决网购最大的烦恼，在敏捷的供应链模式中，从卖家到买家都能获得收益。

综上所述，京东之所以赢，在于其思维模式，即打造敏捷供应链。而从发展的角度来看，敏捷供应链建设也是时间管理的要求，由此，我们不难总结出京东成功的时间管理经验。

1. 责任代表效率，提高责任意识利于提高工作效率

在拥有高度负责的意识时，你就不会拖延和懈怠。积极的工作态度对于完成工作十分有利，有了责任意识，你就会自然产生时间管理的意识，以便工作按时完成。比如京东，它在时间管理上的成功之处，便是打造了敏捷供应链。快速响应是京东最大的优势，因为它非常注重时间观念，不拖延工作。可见，责任在一定程度上能够带动工作效率的提升。拥有责任意识，便能自觉完成工作，并且为了工作能够按时顺利完成，在意识上你便能不断暗示自己找到一个高效的办法完成工作。在这个过程中，情绪自然越来越积极，有利于工作更快更有质量的完成。

2. 了解自己的价值，做到快速响应

京东知道电商企业的优势在于快速响应，因此，致力于打造敏捷供应链。一个优秀的时间管理者要学会了解自己的价值、发挥自身的最大价值，在面对工作时，你需要做的是先了解自己的价值，即你能做到什么，在有限的时间内你可以将工作完成到什么程度，并以此为自己定下一个目标，锻炼自己的敏捷化思维。

3. 做时间的主人，提高企业效率

企业效率的提高往往能为企业带来丰厚利润，原因是当工作效率提高，所服务的客户满意度提高，因而企业知名度也有所提高，顾客再次购买的可能性大幅增加，长远的企业利益也由此可见。换个角度看，企业提高了效率，便能缩减成本，这也是企业提高利润的最常见途径，因此，做好时间管理是企业成功的必要之举。

4. 安排工作时须谨记前瞻性

京东在物流系统上的优势显而易见，特别是其"库存前置"的理念更是推进了整个敏捷供应链系统的成熟化，这也是京东时间管理的优越之处。反思一下自己，在日常生活中，我们是否也要有前瞻性的意识呢？俗话说"人无远虑，必有近忧"，有了前瞻性的意识，我们面对工作，便不至于在出现问题时手足无措，也不必临阵磨枪，更不必挤出重要的时间处理突发的问题，因为你已经有所准备。

京东之所以能成为成功的电商企业之一，与其时间管理的成功、打造敏捷供应链的智慧息息相关。当今时代的电商也应以京东为榜样，不断更新其思维模式。

王卫：速度决定了一切

提起快递，就不能不说说顺丰。"快"可以说是顺丰的代名词，在如今百花齐放的快递界，顺丰力压其他物流公司，成了行业标杆。当面临快速抵达的需求时，人们毫不犹豫就会投向顺丰的怀抱。

但事实上，不管是空运或者陆运，顺丰要想在路途上与其他竞争对手拉开距离都不是一件容易的事情，要知道，大多数快递在运输途中的速度差别都不会太大。那么，顺丰到底是如何把"快"做成自己的代名词的呢？

一是，顺丰拥有强大的时间运筹实力。顺丰对时间的运筹能力可以说是同行业的翘楚，目前其他物流公司的运送班机大多为一班，而顺丰的物流运送班机却是两班，并且两班飞机并非同时起飞，而是一早一晚。提前起飞的首班飞机为的是保障省内配送当天到达的要求，次班机则是为了保障当天抵达周边城市，保证省内次日送达。这是顺丰将时间压缩到极致的手段，也是他们敢称"快"的强力保证。

二是，自有的丰富的运输网络和信息监控系统。顺丰配有 HHT（手持终端）配置以及先进的 GPRS 监控系统，实现运输全流程监控，并且顺丰具备自营运输网络，庞大的陆运网络、专属航空公司、货机及超 400 条航线为发运速度保驾护航。

三是，全自动化分拣。用机器取代人工分拣让顺丰大大提高了分拣速度，为物流派送节省了大量时间。事实上，早在机器人分拣技术提出时，顺丰就大胆引进使用了，这样的前瞻性是其他物流公司所不能及的。人人都知道机器快于人工，但是考虑到错误率和人工审核的耗时，不少物流公司都对自动分拣系统望而却步，只有顺丰敢于尝试引进并不断突破，最终成功建设了专属的全自动分拣系统。如今，顺丰的全自动分拣系统中更加入了信息系统，快递收件后直接录入系统，一线采集的信息经过处理后直接进入了自动分拣流程，大大提高了分拣速度和准确性。与此同时，系统还设有超时预警，能够对那些超时作业的快递进行警报，确保快递正常、快速流转。

四是，制度规范。顺丰内部设有"收一派二"的制度，即要求快递员在收到分配的收件短信后的一小时内必须完成收件任务，否则将做扣分处理，在收到出仓快件后必须在两小时内完成派件，未能按时派件者同样将遭遇扣分处理。每位快递员每年分数为 20 分，一旦扣完则会被辞退，这样的制度大大提高了收派件流程的效率，避免快递员拖沓导致延误收派件的事情发生。

可以说，顺丰的速度取胜宝典为我们提供了大量的时间管理经验。

1. 提高时间运筹能力

每个人的时间都是有限的，如何利用有限的时间创造无限的价值才是时间管理的要义，正如顺丰分设早晚两班飞机运输快件一样，如何合理分配时间与资源才是时间管理的重点所在。设想，如果顺丰的两班飞机同时起飞，那么，他们或许短期内可以运送更多快递，但代价是剩下的快递只能等到次日才可以运输，如此一来，相较于其他物流公司一班飞机的安排，也不会有很大优势。

在日常生活中，我们又应该怎样去做呢？举个常见的例子，假设接水要 30 秒，烧水要 10 分钟，煎蛋要 2 分钟，你该如何安排任务？你可以先接水，再烧水，在烧水期间煎蛋，耗时 10 分钟 30 秒；也可以先接水，再煎蛋，再烧水，耗时 12 分钟 30 秒。可见，不同的顺序耗费的时间有所不同，如何合理安排并行的任务就是考验你的时间运筹能力了！

2. 勇于尝试，不要怕"浪费时间"

当初在很多人看来，顺丰采用机器人分拣技术实在是浪费时间。大多数物流公司都不屑于此："花了大量的时间在审核、创新上究竟有什么用？还不如老老实实、按部就班地做人工分拣。"

相较之下，更突出了王卫的前瞻性，为了提高工作效率，自动化分拣系统势在必行。在日常生活中也是如此，以数据处理为例，用 Excel 公式能够实现数据快速处理，但是寻找合适的公式、撰写公式都需要花费一定的时间，这时候抉择权就在你自己的手上了，是要循规蹈矩，每日花费固定时间进行数据处理，还是一次性花费一些时间和精力将公式写好，后期实现数据自动处理？

在如今速度取胜的社会，顺丰靠速度成功打下了自己的江山。即使快递费明显贵于其他物流公司，人们也愿意为它的速度和服务买单。

§ 任正非：华为的一番作为

随着"互联网+"时代的到来，安卓手机所占的市场份额越来越多，这也意味着一个旧的手机时代的结束，百花齐放的手机时代到来了。在这一情境下，"国产第一"的华为手机应运而生，这也显示了产品本身价值之巨大与背后的企业实力之雄厚。

作为国产品牌手机，华为确实做出了一番作为，不但以超高的颜值和强大的拍照功能满足了消费者的消费需求，而且手机的高性能也大幅提升了消费者的用户体验。不仅如此，它在京东旗舰店、华为商城和天猫旗舰店的好评率也极高。

当然，一个企业的成功往往不只浮于表面。深入华为内部，我们就能发现内里的乾坤。

在华为这样的一个企业中，时间管理不是一个要求或者目标，而是企业内部不懈推广使用的行为习惯。华为员工身在企业中会依靠这一工具得到飞跃式的发展和进步，在这样的情况下，员工成就感也将大大提升。对此，华为的高级副总裁是这样评价的："一个给予自己高度评价的人会明白自己时间的宝贵，就会更加高效地对其进行利用。"并且，在华为时间管理培训的专家指出，明确自己的需要和价值，夺取掌控权将直接影响时间管理效果。因为越自信的人，越能够做到高效率、主动工作。越清楚自己需求的人就越容易抵达成功的彼岸，没能做到这些的人都被淘汰了。

每个人都存在或多或少的惰性，为了帮助员工培养良好的时间管理意识与能力，华为用的是制度与纪律。纪律性可以算是华为的一大特色，并且为了提高员工工作效率，华为还相应推出了明确的奖励机制。举个例子，华为的年终奖十分丰厚，但不是人人有份。对于华为而言，奖励只发给高效、绩效出众的人，对于那些低效、懒惰的员工，华为一向不会包庇，更不可能因为他们"工龄长""老员工"等原因用高薪供养。如此制度为华为培养了大批高效、主动的优秀员工。

以上所述清晰地指出，华为的一番作为与其强大的时间管理能力不无关系，我们也可以从华为企业的成功中得到一些启迪。

1. 将时间管理提上工作日程

任正非作为华为企业的管理者，其管理能力是业界认可的。在时间管理上，华为更是意识到其重要性。在市场竞争激烈，客户对品质的要求日益提高和互联网发达的现在，企业如若没有时间管理的概念，工作效率自然就会低下，进而导致运营成本增加、发展缓慢甚至停滞不前；作为企业的员工，如若没有受到时间的约束，没有明确的工作计划和安排，就会因工作状态不佳而影响工作热情和斗志；作为企业的管理者，如若管理时间的能力低下，那么带出来的团队绝不可能有活力有斗志。如此一来，不仅工作未能妥善下达，自身作为管理者的能力也会备受质疑，甚至还可能造成公司整体利益的亏损。因此，良好的时间管理是正确管理的基础。

2. 定期时间管理培训

时间管理是一种方法手段，单纯有时间管理的意识是远远不够的，因为你可能永远都不知道自己的哪些做法是错的。没有经过系统的培训，你将在时间管理上走很多弯路，那又谈何时间管理呢？在这方面，华为的做法值得每个企业、每个人学习，定期组织或参与时间管理的培训，可以汲取新的理念和方法，对于自我提升有着莫大好处。

3. 韵律原则

有数据显示，每个人每8分钟就会遭遇1次打扰，也就是一小时下来，可能会受到7次（甚至以上）的打扰。换算过来，每人每天受打扰的次数高达50～60次。以每次打扰时间为5分钟来算的话，每人每日耗费在被打扰上的时间高达4小时，其中无意义的打扰约占80%或以上。并且，假设从被打扰中恢复思路耗费的时间平均为3分钟，则每日花费在恢复思路上的时间高达2.5小时，也就是说，受打扰所耗时间占工作时长（按8小时工作时间计算）的70%左右，这是一个极大的损失。对此华为提出了相应的理念——韵律法，它要求员工在保持自己一定韵律的同时，尽量与他人的韵律协调。具体可表现为：礼貌回绝毫无意义的骚扰电话；多采纳 Email 一类的不至于造成过大干扰的联系软件；增强与领导、上司的交流，减少来自他们的打扰；减少突然打扰别人的频率；对别人的行为习惯进行了解……

4. 适当激励

激励理论指出，要想激发人类的行动，可以通过满足人的需要的方式进行。在这点上，华为也起到了表率作用，华为内部薪酬共分为 10 级，员工薪酬水平与工作业绩和能力密不可分，因为他们的调薪幅度直接受过去一年工作绩效的影响。丰厚的分红和奖金是每个员工发奋工作，不断提高工作效率的原动力。

我们不难发现，企业的时间管理意识与能力将有利于稳定企业内部秩序，服务消费者是企业第一宗旨，华为能够在今天成为国产手机的大品牌，与这些息息相关。希望国产手机能继续保持健康向上的优势，走向国际舞台。

§ 雷军：时间就是金钱

2011 年前后，智能手机开始在市场上初步普及，但这种新式的、能改变人们生活的新工具，却在市场上面临一个大问题——配置好的手机价格极为高昂，配置不好的手机又不能满足用户所需。

此刻用户的需求很简单——有没有一款手机，既能满足我们对智能手机的使用要求，又不会有那么高的价格压力呢？面对用户的这种需求，不少国产手机厂商发挥起了服务精神，开始有针对性地提出解决方案。

在当时比较热销的手机中，小米就是因为快速反应、解决了人们的这个需求而异军突起。自 M1 推出以来，小米的手机一直都保持着较亲民的价格，坚守着"高配置、低价格"的路线。正是因为它始终坚持着为消费者服务的心态，想做出"人人都用得起的智能机"，所以才坚持这个价位。这种服务精神很好地切合了人们的需求，所以小米仅在一年之中就冲进市场、一鸣惊人，从一个名不见经传的新品牌，一跃成为市场上销售量可观的知名厂商。从这些中我们可以看出，瞄准时机、用对策略有助于事半功倍，进而达到快速成功。

在小米这种扁平化的模式中你会发现，效率体现在了小米的整个生产链和销售链上，这也是我们要关注的小米的时间管理特点。让我们来看看小米的管理模式中都有哪些效率体现。

1. 抢占市场，先人一步就是效率

在市场对低价智能手机有需求的时候，小米可以说是最先尝试的一批厂商，而且在低价的区间内做到了性价比最高，这在当时惊爆了人们的眼球。正是因为这样，才能吸引到大量的关注并且在早期迅速积累了消费者，让小米的体量疯狂增长。所以，抢占市场就是把握时机，早开始一步就可以省下后面的许多时间，这就是效率。

2. 精简生产链，压缩各种成本

小米的生产链非常简单，中间没有任何经销商，不但少了赚差价的经手人，而且也让手机的生产和销售效率变得更高。可以说，小米的手机减少了中间的流通时间，可以更快、更低成本地送到人们手中，这就是一种时间和成本上的高效率体现。

现在伴随着互联网平台的逐渐成熟，这种相对扁平的管理模式越来越多，很多企业都开始裁减自己冗长的生产链和企业结构，这能很好地提升企业的办事效率。

3.利用饥渴营销，打时间战

小米手机在早期，产能不足的问题一直被人们所诟病，生产的手机跟不上销售的速度，常常导致发售之后"一机难求"。后来，小米的产能跟上了，但是发售之后还是经常出现断货的情况，这就是一种顺势而为的营销手段。

原来，最开始产能不足造成的断货，反而成了一种"销售火爆"的体现，这个无形的广告产生的效果很好，吸引了大量消费者来购买小米。所以小米开始利用这一特点进行营销，通过偶尔断货的方式，让消费者在等待中更加认可和看好其产品。

这就是一种时间战，是利用人们的时间观念在做营销。当一样产品很快送到你手中时，可能你并不觉得有多么珍贵，但是当你等了很久之后才收到它，而且很多人都跟你一样心心念念期盼着、等待着的时候，时间成本就被你计算了进去，你将会倾向于给予这个产品更高的评价。这种对时间的意识，让小米的销售把握了更科学的节奏，达到了很好的营销效果。

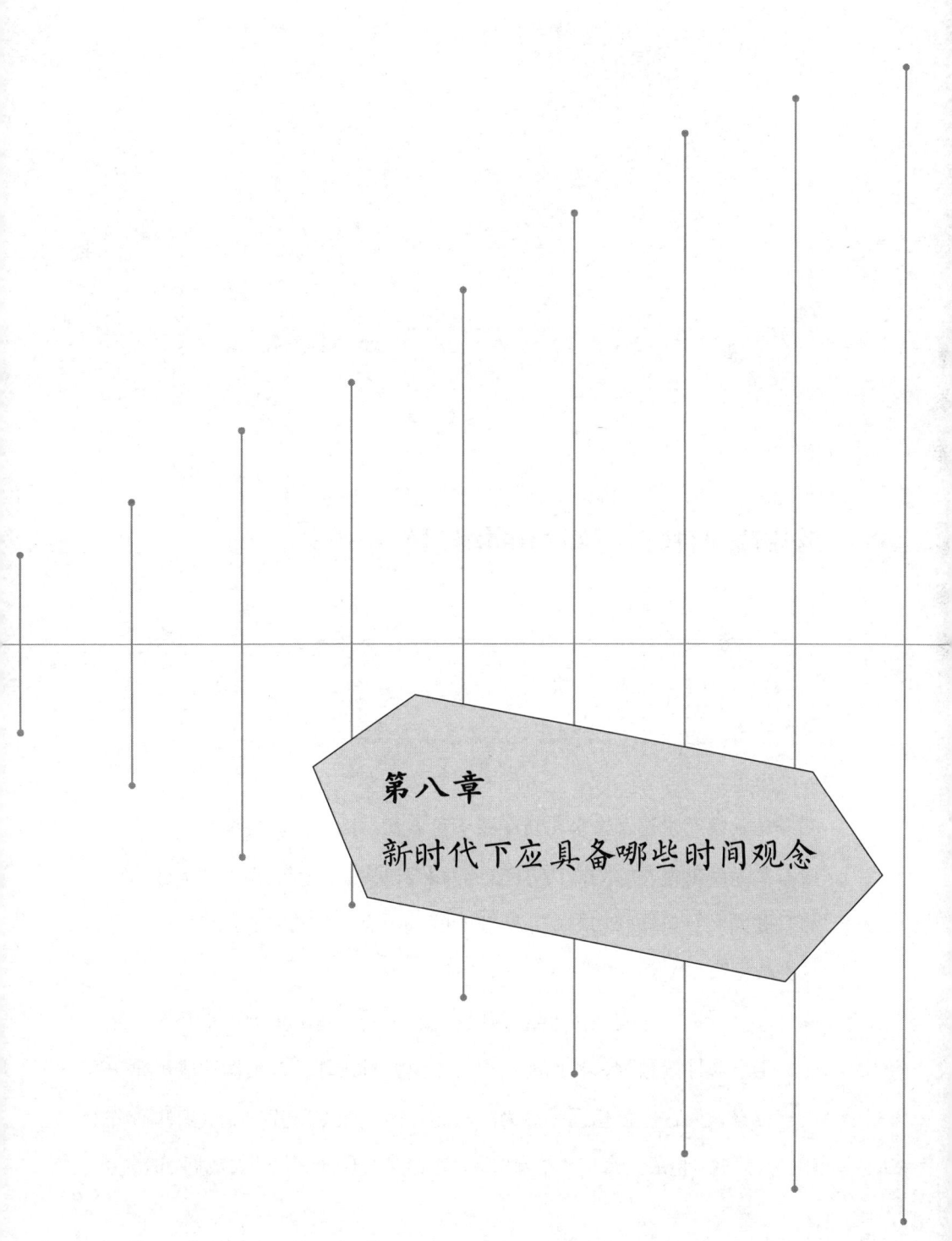

第八章

新时代下应具备哪些时间观念

§ 数据时代：时间的量化代替

　　马云曾经说过，未来的新能源不是石油，而是"大数据"。为什么没有实际存在的"大数据"却能够成为未来发展的新能源呢？"大数据"与互联网又有怎样密切的联系？要了解这一点，我们需要先明白什么是"大数据"。

　　"大数据"，就是指大量的数据集合。它不是海量的单个数据，而是大量系统性的数据，我们能从中发掘出各种规律，并根据这些规律归纳出信息，而这些信息则是最为宝贵的，因此能够给我们提供这些信息的"大数据"也成了真正的"金矿"。在信息时代或者说"大数据"时代，信息就是财富，谁掌握了足量的信息，谁就能够发现下一个财富的增长点，所以"大数据"成为新能源也就不让人惊讶了。

知名咨询公司麦肯锡就曾经在报告中指出，"大数据"将成为未来的一个新的虚拟生产资料，既然是生产资料就有生产力和生产关系，就能创造出一定的价值，所以它绝对是堪比石油的新财富。因此，为了占据下一个生产力的爆发点，从企业到国家都纷纷开始着力于开发"大数据"。"大数据"时代就这样来临了。

每天产生的巨量数据，绝大部分都是垃圾数据，但从那些有效的数据当中，我们可以分析出许多重要信息，从"年轻女性最爱浏览什么"到"今天话题度最高的新闻是哪些"，我们可以迅速地了解到特定群体的生活状态，而不同领域则可以根据这些信息调整自己的发展方向，提供的服务更贴心。

这就是"大数据"的意义，它存在于各行各业当中。淘宝网每天产生的交易记录是一种"大数据"，百度的浏览页面历史是一种"大数据"，一个城市每天的交通记录是一种"大数据"……各行各业正是从这些"大数据"中获得信息，才能够优化我们的生活。

"大数据"的存在，让时间的概念变得越来越复杂。"大数据"能够高效率地处理任何时段内所搜集的大量数据，而在过去，这些都是需要花费大量的时间和精力去做的事情。有了"大数据"技术，大量的工作都被省略了，从企业到社会的效率都得到了提升。

同时，"大数据"也让社会发展的时间轴被拉长了。可以说信息越多，处理起来就越麻烦，但同样我们可以从中归纳出一个更接近真相的结论。如果能够利用好这些海量的数据，社会将会以几何倍速向前发展。过去的社会发展速度几乎无法与"大数据"时代相提并论，有了繁杂的数据，我们不仅可以预测未来，也可以总结过去，随时随地都能根据数据信息对企业进行优化管理，自然发展十分迅速。所以，能够利用数据的企业才跟得上社会的发展速度，那些跟不上的企业，终将被抛弃，毕竟竞争对手的时间轴被数据拉长，比你变相获得了更高效率和更多的发展时间，你还不肯升级改变的话，又怎么能跟上发展的节奏呢？

当前，许多实体产业因为受到互联网企业的挤压而被迫倒闭，这是值得同情和反思的，但从另一个角度看，这何尝不是因为没有适应社会，所以被淘汰呢？在这个数据为王的时代，如果你还没有意识到互联网的重要性，被时代抛弃，似乎也是或早或晚的事情。

虽然"大数据"本质上只是一种信息，其中不乏很多无用信息，但"大数据"一样能够给我们的各种活动带来大效应，尤其是商业活动。

可以说企业引入"大数据"计算之后，虽然投入是巨大的，但获得的收益会更加可观。企业的数据本就来源于生产经营活动，是早就存在的，过去企业并没有真正地将其利用起来，白白浪费了这一重要资源，而引入"大数据"之后，这些数据可以让企业更好地发展，能够单纯从数据转化为效益。从这一点看，"大数据"只要运用得当，过去无用的信息也能够产生利润，如此一来就可以体现出其比石油还要珍贵的新能源意义了。

数据是时间的量化体现，在数据中，你可以看到一个人的一天、一个月乃至于一生是如何度过的，你也可以分析出一个群体的时间是怎样流逝的，也能看到一个企业的过去，预测到一个企业的将来。时间变成了数据被人所处理，最终让我们拥有了"总结过去"和"预知未来"的能力。正因为有了数据，我们才有这样跨越时间的"超能力"。

数据能让我们穿越时间，去看到未来的各种可能，因为有了成熟的数据分析技术。数据分析部门是围绕"大数据"而产生的相关部门，在很多行业如电信、金融、互联网等企业都具有举足轻重的地位，其中在信息产业当中有数据分析部门并不意外，因为它们本身就是需要与各种各样的信息打交道的。那在电信或金融行业，为什么也会使用"大数据"呢？

在这些跨界的行业当中频繁地使用"大数据"，甚至拥有较为成熟的数据分析技术，正是因为其产业本身就是与数据息息相关的。当它们拥有了"大数据"技术，能够将企业内部产生的数据与外部支持数据结合起来共同分析的时候，不仅扩大了分析平台，也真正将企业原本具有的信息都利用了起来。

其中企业的内部信息往往是企业的经济活动产生的，比如过去某一段时间的销售情况、客户的需求数据或者是通过预测得出的各种数据模型等。通过对企业经济活动产生的数据进行分析，并比较其他企业同类活动产生的数据，我们可以预测未来一段时间内企业的发展情况，也可以得到一些关于企业发展的重要信息。通过对客户的需求进行"大数据"分析，我们还可以整理出整个企业所面向的客户有哪些种类，针对不同的客户进行有差异的服务，以便让客户更满意。而对于测得出的各种数据模型的分析，再结合行业内其他平台提供的信息，我们就可以有效规避风险并引领企业向一个更加健康的方向发展。

所以，新时代的管理者要注重时间管理，就一定要注重数据的力量。拥有大量用户数据，需要服务于用户的企业，都需要注重"大数据"的效应。只有我们可以为用户提供更加贴心周到的服务，能够针对不同的情况给他们提出有针对性的解决方案，用户的黏性才更强，才能够从普通用户转化为忠诚用户，而一个企业发展的中流砥柱，正是这些黏性很强的用户。

除此之外，通过合理的数据分析，给用户提供更好的服务，也可以帮助企业塑造良好的口碑与形象，让企业在复杂的行业竞争当中脱颖而出。很多用户的需求是潜在的，可能在他们的消费数据或者是需求数据上能够得到体现，但并没有直白的诉求，所以大多数同类的企业都无法摸清楚用户的需求，此时如果你能通过"大数据"分析，解决用户的需要，显然可以立刻与众不同起来，不管是在行业内的口碑和形象还是在用户面前的评价都会提升很多。

利用数据，相信你也可以把握住"时间"的脉搏，让自己的团队或企业在市场上先人一步，走得更好。

§ 产品智能化：解放自己的时间

　　各种各样的机器设备，在我们的生活中有着各种各样的作用。

　　你可能没有注意过，据统计，现在每个家庭平均使用的电源插头能达到七十多个，而这些插头每一个都对应着必须要通电的某些设备，那些都是我们在生活中最常使用、根本无法离开的机器设备。由此可见，机器设备对我们的生活有着极大影响。

　　那你有没有想过，如果这些设备都有机会实现智能化，能够"自主判断""自主操作"，那我们的生活一定会变得非常便利，就像科幻小说中描述的一样。

目前来说，互联网时代的发展正体现着这个趋势，那就是消费类设备的智能化。你可能会觉得这难以想象，难道真的可以解放双手、解放我们的时间，让这些家用电器自己"管理"自己？

别惊讶，在你所消费的电器出现之前，人们对它们的存在也是无法相信的——没有冰箱之前，谁能想到有一种"铁柜子"能始终寒气逼人呢？没有洗衣机之前，谁能想到我们不必自己手洗也可以获得干净的衣服呢？所以，不要认为消费类设备智能化是不可实现的，它们的智能化发展已经显露端倪了。

尽管总有人意识不到这一点，但是消费类设备正在不断发展中，并且智能化程度越来越高。其最简单的体现就是各类电子产品的计算能力变得越来越强大，对信息的计算与处理速度、广度也在增大，且处理结果更加精确，也更容易得到唯一结果——这个结果就可以成为分析指令，为设备提供唯一的解决方案。

因为消费类设备的智能化，我们的日常生活开始变得越来越快捷简单，大量的时间和精力都被解放了，高效性开始体现在各种地方。你会发现，购物时不必带太多现金，只要你有一部手机，你的手机能联网，就能直接用移动设备快捷支付；观看电影时不再需要排队买票，在电子售票机上自主进行，选座购票很简单就能解决；外出购买火车票也不用在窗口排队，网络购票、自助取票，一切变得非常方便。

科技的进步在电子设备智能化上的体现尤为明显，而一个智能化发展的设备，首先必须要具备对信息的处理能力，更简单地说，它不仅要有电，还要连接互联网，这样才能互相交换信息、获取信息。不管是局域网还是广域网，联网设备将更受人青睐，因为它们的功能更强、服务性更好。现在，相当一部分用户在购买电子类产品——哪怕是空调、冰箱的时候，也会将是否连接互联网作为一个重要的考察因素。

让物品连接到互联网上，这就是智能化物联网的雏形。可以说物联网的出现正在现实生活中改变我们的生活方式与日常行为，你正在被智能化的消费类设备所"支配"与改变，而你可能并没有发觉这一点。举个简单的例子，当我们将制冷系统联网之后，不仅可以由房主来控制自己屋子的制冷系统，比如提前设定好打开时间、远程操作等，关于制冷系统的使用信息也可以传给厂家，厂家就可以从大量的用户数据中直接得到反馈：哪些功能是用户使用最多的、哪些用户使用得少，以及哪些使用率是在下降或上升……这些信息都可以指导厂家对接下来的产品进行革新，而且更具有方向性，先经过市场的考核再生产出来的产品，风险更小、买家接受度更高。

当然，消费类设备的智能化前景远不止于此，智能管家的出现已经可以预见，我们不会等很久的。要达成这个目的，就意味着必须有大量的消费类设备连接到同一个网络平台上，它们每时每刻都在产生大量数据，一个即时的数据处理系统是必要的，一个足够运行这些数据的虚拟平台也是必需的，而这些仅靠现在的大数据与云计算技术还不能真正达到。最重要的是，一个同时能容纳所有设备信息的平台并没有出现，现在不同品牌、不同种类的产品之间存在严重的平台不兼容问题，这也给智能化消费类产品走入百姓家中带来了一定阻碍。

不过，伴随着数字信息技术的成熟，相信这个问题也能很快得到解决。在这个过程中，我们不仅解放了双手，也解放了在不必要的劳动中耗费的时间，更节省了很多碎片化的时间。你可以更加全神贯注地将自己的精力放在想要做的事情上，让自己用更高效的状态迎接来自社会的挑战。

§ 共享空间：让时间维度变得更丰富

　　你有没有想过，空间也可以共享？而空间的共享，可以让时间的维度变得更加丰富。

　　当你长久出差的时候，家中可能会有一些空置的房间，这就是一种资源上的浪费。这个空间没有人使用，相当于在这段时间内，这种空间资源是被浪费掉的，它的时间"静止"了，变得毫无价值。

　　你的空间资源在浪费的同时，也许其他人对这部分资源却有很明确的需求。比如一个来这个城市旅游的人，他需要一个私密的空间休息，所以只能选择昂贵的酒店。有些旺季甚至会出现"一房难求"的情况，这些有需求的人面临着无处可住的难题。

如果能将你空置的屋子交给他们，这个空间资源就被利用了起来，在这一刻，它的时间变得有价值了，而不是被浪费。而你，则得到了资源交换过程中的其他报酬，这是你共享空间应得的收益。

这种共享空间的方式，让时间维度变得更加丰富了。那些被闲置的、时间"静止"的物品，在共享中变得更有价值。

Airbnb（爱彼迎）就是一个这样的服务平台，让你可以共享自己的空间。作为一个服务平台，它并没有自己旗下的产业，更不要说周到的客房服务了，它甚至都不会给你提供一些像其他平台上那样的高级酒店，而是会给你提供一些由用户自己上传的服务。Airbnb 的存在，更像是一个单纯的平台，每一个用户都可以成为住宿的提供者，也都可以成为住宿的预订者，提供住宿服务的人，大多数都在进行共享——共享一间自己家的客房，或者共享自己的某个住所。

这家在 2008 年刚刚创立的公司，现在已经达到了 255 亿美元的估值，实现了在全球范围内令人难以置信的增长。如果把它的市值和全球的传统酒店行业进行比较的话，你会发现 Airbnb 甚至可以成为全球第二大的酒店产业——即便它本身，甚至连一家公司都没有。

Airbnb 正在用自己的方式去定义一个全新的旅店行业，去定义一个全新的世界，乃至于一种生活方式。很多人都认为，在使用 Airbnb 的过程当中，人们感受到的并不只是一个预订住宿的服务，更多的像一个预订平台与社交平台的结合体，人们可以在这个平台上实现交际的目的，实现人与人之间的交流，而不仅仅是住宿预订。这就超出了旅店的意义，让 Airbnb 的价值更加的丰富，不仅在物质上，而且在精神上给我们提供了一个新的选择。

这个共享房屋的平台，更力求让人们能够在住宿的租赁过程中感受到家的感觉，这也是他们的口号，如果你仔细观察的话，会发现这个口号模糊了彼此之间单纯的交易过程，而是将租赁住宿的过程升级到了文化或人际交往上，这也是互联网时代一个重要的特色。共享经济本身就是注重精神的交流，我们要在物质的基础上发展共享，就必须以精神上的互相信任和共同理念作为基础，才能够顺利而长久地实现共享。所以在共享经济的大潮当中，这个精神是一直存在的，这也是 Airbnb 能成功的原因。

在共享经济领域，人们是这样定位一种浪费的——如果你的财产闲置了，自己不使用又不让别人去用，那你就是在浪费资源，也是在浪费时间。事实上也的确如此，我们每个人都占有着大量的闲置资源，它既不能发挥其本身的作用，又不能放到市场上进行充分流转，资源的利用率就在不断降低，在这种情况下就造成了大量的资源浪费行为，而这种情况不仅在我国存在，在发达国家更是普遍存在。然而资源是有限的，浪费资源的行为本来就应该得到人们的重视和遏制，所以共享经济出现了，在共享理念的引导下，人们都意识到所有权和使用权是可以分离开的，我们可以在线上分享自己的信息，在线下提供自己的产品或服务，帮助闲置资源，在新的流转当中发挥自己的价值，保障它们不会被浪费。

而共享办公空间，也是一种非常常见的空间共享，同样降低了很多企业的经营成本，提升了空间的时间利用效率。与其将其空置着，变相拉高每一次的使用成本，倒不如将这些办公空间分享给需要的企业，这样时间成本、经营成本就变得很低了。

人们普遍认为，使用共享的工作空间是初创企业或中小企业的主要选择，但实际上这是有误导性的。大多数亚洲城市的写字楼租金都在飙升，全球经济的不确定性意味着，许多公司不愿承担长期和昂贵的租赁协议，这两种因素都导致越来越多的企业希望利用共享办公空间的灵活性、低成本降低风险。在这一趋势下，咨询和 IT 公司脱颖而出，在 APAC 的这些部门中，44% 的公司使用共享的工作空间，这样可以帮助它们大规模减轻自己的企业压力，而且并不影响最终的企业运营，是非常好的选择。

这种联合办公还可以吸引更合适的客户。研究表明，企业选择共享办公空间的三个主要原因是：高质量服务的可用性、灵活的租赁和最低的业务风险。但要在这个行业建立持久的业务，需要的不仅仅是一个凉爽的地方或免费饮料。

作为一个有服务的公司，如果你的领域是做专业服务公司，比如会计或律师事务所，而不是针对年轻的创业公司，你应该扩大你的实力，提供给你的客户最专业的服务，这样的公司就不需要也不适合去选择联合办公空间；但是如果是对办公空间要求不高的公司，联合办公将是你一个很好的选择。

所以不仅仅是初创企业，一些因为企业性质，不需要非常正式办公空间的产业，一样可以选择共享办公。共享办公空间带来的好处是大于坏处的，对主动共享的一方来说，可以让闲置的办公资源得到充分利用并换取流动资金；对享受共享的一方来说，用比较少的投资就可以得到足够的办公服务，相当于降低了企业成本，而降低成本这件事在任何一个企业都是非常受欢迎的。

除此之外，还有一些共享平台提供办公空间的模式，则从另一个角度解决了人们缺乏小办公空间的问题。这样的模式对当下的中国来说具有极其重要的意义，因为我国现在正鼓励创业创新，政府为创新和创业产业提供了极多的投入和帮助，就是为了鼓励人们投入到创新创业当中。可以想见，中小企业在创业过程中是非常缺乏资金的，也不需要过于庞大的办公空间，如果能有联合办公的选择，一定可以减轻其创业压力，让创业活动更多地在市场上繁荣起来。

共享空间重新解构了关于空间和时间资源的价值，商业结构得到了冲击，也产生了极大的改变，同样也催生了如同 Airbnb 这样的共享平台。它的存在，为社会创造了更多的就业岗位，也改变了传统的酒店业状况，让这些在新兴经济冲击下一直不愿意主动转变经营模式的传统企业意识到，经济环境和社会正在不断变化，需要以更加积极的态度去应对和转变。

§ 共享单车：时间也需要共享

　　自行车共享是一种服务，在这个服务中，自行车可以在很短的时间内为个人共享。自行车共享计划允许人们从一个地方借用自行车，并在另一个地方返还，或者利用智能桩实现随时还车。许多自行车共享系统都提供订阅服务，最初的半小时或者一小时使用可以免费或非常便宜，鼓励人们使用单车作为交通工具。

　　这就导致每辆自行车每天都可以为几个用户服务，自行车的利用率就提高了。这种共享单车的存在，让我们发现资源可以更好地共享，而我们的时间也在共享当中被节省了下来，无疑是一种高效率。

　　当你没有共享单车可以使用时，很多需要单车的短途距离就会变得非常尴尬。比如下了公交车或者地铁，也许你还要步行一段时间，这段看似短小的时间如果能利用起来，也可以做很多事情。有了一辆共享单车，你的时间就节省下来了。

　　同样，当你选择使用自己的单车时，会发现属于单车的时间被大量浪费了，我将其称为"使用时间"。资源如果一直都在被人使用，那它的效率是最高的、单位时间的成本是最低的，但总有一些资源我们可能要偶尔使用，却又必须有，这就导致它们的单位时间成本很高。

　　比如单车，也许你每天只需要用半小时左右，但你要全天24小时保有这辆车，并且付出高昂的成本。如果你将这些空闲的时间分享给别人，让别人来利用你的资源，是不是就降低了单位时间的成本呢？显然。所以，属于资源的时间是可以共享的，这是一种极为高效的表现。共享单车的火爆，就告诉我们市场对于这个概念的欢迎程度。

　　截至2014年6月，在包括712个城市在内的五大洲50个国家和地区都有公共自行车共享系统，在37500个车站运营着大约806200辆自行车。而共享单车的概念是在这之后才火爆起来的，可见现在的共享自行车系统体量只会成倍增长，这是一个有多么大需求的市场啊！

　　自行车共享系统的核心概念是为短途旅行提供免费或负担得起的自行车，以替代机动化的公共交通或私家车，从而减少交通拥堵、噪音和空气污染。自行车共享系统也被认为是解决"最后一公里"问题的一种方式，并将用户与公共交通网络连接起来。

　　摩拜单车提出"最后一公里"的口号，就是为了解决人们在上下地铁之后要走的短短一公里问题。一公里，坐车太短，但走路又有点长，如果有一辆单车可以连接地铁口和目的地，一切就变得简单了许多。当我们使用自己的单车，意味着每次都要将其停在特定位置，还要注意随时把车骑走，就非常不方便，这种情况下，为了解决人们的痛点，共享单车出现了。而现在，经过不断发展之后，电动的自行车共享正变得越来越流行，电动自行车通常在车站停车后再充电，电动自行车也扩展了自行车的范围，使城市的骑行更加方便。

尽管这些系统的用户一般都是使用他们自己不拥有的车辆，但共享系统与传统的营利性自行车租赁业务还是有所不同。第一批自行车共享项目主要是由当地社区组织发起的，要么是为弱势群体提供的慈善项目，要么是将自行车推广为一种无污染的交通方式。近年来，为了减少盗窃和破坏行为导致的损失，许多自行车共享计划现在要求用户提供货币存款或其他担保，或者成为付费用户。大多数大型的城市自行车共享项目都使用了许多的自行车检测站，而且运作很像公共交通系统，为游客以及当地居民提供服务。

目前来说，单车共享的项目还是面临一些挑战，首先就是人们素质的问题，在这种类型的项目中，自行车只是简单地放到一个城市或指定的地区供任何人使用。在某些情况下，如大学校园，自行车只能在一定范围内使用，这就让自行车更不容易被破坏。

但是在更广的范围内就不同了，一旦用户到达目的地，他们将会在公共区域内停下自行车，由于自行车不需要被送回固定的车站，加上自行车共享程序锁比较容易开，所以经常遭受大量的盗窃和破坏行为。许多自行车项目把自行车漆成一种强烈的纯色，如黄色或白色，在自行车上作画有助于宣传这个项目，同时也能防止偷窃。然而，许多自行车共享项目的盗窃率仍然很高。作为回应，一些大型自行车共享项目使用专门的框架设计和其他部件设计了自己的自行车，以防止拆卸和转售被盗零件。

还有的单车则通过智能化技术加强其安全性和易用性。比如，摩拜单车等共享单车就具备智能电子桩的功能，我们可以在摩拜单车提供的地图上看到附近的车辆有哪些，其数量位置都能够清晰体现，这就是一种自我管理的能力。当单车损坏了的时候，公司就可以根据其使用情况、年限等确切的信息进行维修或找到位置进行回收，而且对单车的管理也更加严格，可以保证不乱停乱放、车子不因长时间的使用而成为城市垃圾。

这些都是共享单车现在需要做的改进和面临的挑战，单车共享是一个能够改变人们生活方式的好创意，希望我们可以更好地发展和利用它，而不是浪费了这样宝贵的想法和好资源。当然它在未来不断发展的道路上必然还会面临各种挑战，但时代的发展趋势也已经证明了，共享时间和资源的时代必将到来，所以共享在经济领域的发展也成为一种必然。

现在的挑战只是起步时必然要面临的转型难题，一旦可以在这个领域建立能够可持续发展的模式与架构，就意味着这个产业实现了真正的成熟。

§ 网上购物：方式决定时间的流逝

互联网时代，改变了我们的购物模式，当我们将购物从线下转移到线上的时候，时间流逝的途径似乎也被改变了。

举个简单的例子，在 20 世纪 80 年代，我们要选择将钱存在储蓄卡里，就必须拿着现金前往银行柜台去办理业务，在这个过程中，可能需要耗费很长一段时间排队，还需要银行柜台服务人员手动将钱清点入库，不仅耗费客户的时间，对银行的工作人员来说效率也不会特别高。

后来 ATM 机自助存取款业务应运而生了，人们可以通过 ATM 机自助办理存款或取款的业务，省去了在柜台前排队的时间，也解放了大量的服务人员，提高了银行整体的工作效率。但是 ATM 机的存取款业务依旧有一定的缺点，比如我们一定要带着特定的银行卡，才能够完成存取款的目的。

而随着移动支付的不断发展，互联网金融的快速演变，现在人们可以在不使用银行卡的情况下，仅仅使用自己的银行账户和手机软件，就能达到存取现金的目的。这个转变，不仅解放了服务人员，连银行的存储证明——银行卡都虚拟化了，搬到了手机上。

你会发现，越来越多的流程被简化了，在互联网金融大行其道的现在，很多不必要的线下活动都被搬迁到了线上，让我们的生活变得更加简单，让金融活动也变得更加便捷，这就是一种消费方式改变时间流逝的表现。高效，是新的消费方式给我们带来的最大影响。

从社会生活的角度讲，这当然是一种积极的信号，以前交水费电费以及有线电视费，都需要去专门的供应商那里进行缴纳，如果住的地方比较远，交通不便，去缴费就实在是一件非常浪费时间和资源的事情。但现在，互联网金融极度发达，网上支付平台越来越全面化，与政府和大商家进行的合作，让我们可以更加便捷地迈入信息生活的阶段，直接在支付平台上就可以完成缴费过程。

而在过去，如果你要购买什么东西，就需要寻找专门的商店，如果是一些比较稀少的、铺面不多的商品，更是需要你花费大量的时间去搜寻和购买。过去很多新闻，讲人们慕名去外地重金求购一些产品，其中花费的时间成本可能比金钱成本更高。

但是现在，如果你想要购买什么产品，只要打开购物类的 App 就可以解决，不仅可以在网上买到几千里之外的商品，甚至还可以跨境购物，轻松买到外国网站上的货物。空间的阻隔在网络购物的发展面前变得不堪一击，而时间成本的节省更是不能忽视的。

当然，网络购物的方式变了，我们的消费也变得更加简单、省时了，我们在消费中花时间的方式也变了。以前在消费过程中，我们的大量时间花在了路上以及排队等待和付款的过程里，但现在的线上消费模式，让我们的购物过程变得更简单，花费的时间更多是在浏览、挑选商品上。

你是否注意过，很多人经常一逛网店就是一整天？他们经常打开购物 App 去浏览可能感兴趣的东西，哪怕一开始并不想购买。这就是通过另一种方式在购物上花费时间，虽然他们人还在你面前，但时间其实花在了"逛街"上。

这样来看，线上消费的模式虽然在付款的过程中很高效，但其实是换了一种途径消耗我们的精力和时间。当然这种方式在改变了我们消费模式的同时，也改变了我们的生活方式。

§ 第三方支付：高效体现在细节

　　互联网市场的不断发展，让虚拟货币越来越多地应用在我们的生活中。比如，当我们选择在游戏里用游戏币购买商品时，游戏币就是一种虚拟货币；当我们选择用支付宝或者微信钱包付款时，它们也是虚拟货币。

　　在互联网金融的概念里，第三方支付平台也是互联网金融的重要组成部分，甚至是相当核心的组成部分。而它们的发展，与电子货币市场的逐渐成熟是分不开的，二者相互影响，共同促进了第三方支付的市场扩张。

　　现在的许多系统，如支付宝、微信钱包、Apple Pay 等成为这种转换电子货币的第三方支付平台。它们搭建的货币系统使用非接触式支付转账，以方便支付，并使收款人更放心，因为它们可以担保交易的安全性。

其实，这些手机支付的方式，与信用卡是异曲同工的，只是更加方便，也建造了一个新的电子货币市场。我们甚至可以说，在支付宝的货币系统中，你的金钱概念和在微信的货币系统中是不一样的，这是被全新定义的电子货币。

举个简单的例子，不管是在信用卡中的虚拟货币数字，还是拿在手中的纸币，都具有货币最广泛的流通性，不会受到任何平台限制。但是在支付宝中的钱，就无法和在微信钱包中的钱共通，这是两个互相竞争的平台，所以很多时候是互相排斥的。

在这种情况下，当你选择将钱从银行卡中转到任何一个第三方支付账户里，其实就是在购买属于它们系统的电子货币，然后再在生活中使用这个新的货币。所以，第三方支付的市场就是一个电子货币发达的支付市场，当电子货币市场足够发达的时候，所有人都会接受这种交易方式，你会发现高效体现在了生活的每个细节，你的每一次付款和收款，都是一次节省时间的活动。

第三方支付平台之所以能够获得这么多的用户，便捷性可以说是最典型的特点。简单、容易操作，可以比平时付款节省更多的时间精力，而且只要携带手机就好了。过去在菜市场这些地方消费是不可能刷信用卡的，每一次付款都需要使用现金，从顾客掏钱到商家找钱，需要花费很多时间，而且还会担心交易的安全问题——万一遇假钱该怎么办？

现在则不一样了，只要扫一下二维码，输入金额之后自动就可以转账，一切变得非常方便，商家也省下了整理现金、算账的时间，因为第三方支付平台甚至可以自动生成一天的流水，既简单又方便，节省下了大量的时间。

总之，对顾客来说，第三方支付的存在让高效率体现在细节上；而对商家来说，省下的时间会更多。从此，一个小摊贩也一样有了超市一般成熟的流水自动记录系统，而不需要再每天回家后一笔笔计算、一张张数钱，这对他们的工作来说，绝对是一种时间解放。

在北京西城区某社区的一个市场上，所有销售产品的供应商都支持移动支付，消费者可以通过微信钱包或支付宝扫描二维码。一个在社区设立摊位的小贩说："使用移动支付不是市场监管机构强迫的，而是自愿的。所有人都使用，如果你不用，就意味着损失顾客。"

中国移动支付的普及也震惊了邻国日本，最近在日本论坛上发布的一篇帖子称，一名乞丐甚至不得不在中国使用移动二维码支付来乞讨。

随着第三方支付公司领导的移动支付服务的快速发展，它已经成为中国人生活方式的新选择。而且，移动支付不只在大城市和城市地区流行，在县城和农村也很流行，用户喜欢这种服务，因为足够方便。

一个喜欢使用移动支付的人说："在买菜的时候最讨厌零钱，尤其是在处理硬币的时候，这是很麻烦的。"另一位移动支付用户表示："移动支付服务非常全面，无论是微信钱包还是支付宝，都将自动记录交易，这有助于了解每个月钱的去向。"

根据互联网研究公司艾瑞咨询提供的数据，2016年中国移动支付市场达到了38万亿元，是美国市场的50倍。在2017年第四季度，电子商务巨头阿里巴巴集团旗下的数字钱包支付宝占据了中国市场54%的份额，高于腾讯控股旗下微信钱包的38%，其他第三方公司分享了剩下的百分比。

为什么会这样呢？很简单，因为移动支付比传统的货币支付方式简单、快捷，方便太多了呀！

中国互联网协会研究员曾经表示，中国移动支付的快速发展是由于中国银行的服务意识较弱。他说："在全球范围内，传统金融体系薄弱，移动支付和其他非现金支付更为发达。"正是因为传统的金融机构没有提供一个足够方便的支付方式，所以第三方支付的便捷性一旦被发掘出来，就发展得一发不可收拾了。

而且，第三方移动支付不仅因为便捷性被消费者快速接受，对于商家来说也是非常方便的，能够给它们带来许多好处。如今各种领域和大小的企业也越来越多地接受移动支付，将智能手机和平板电脑变成销售终端。对于他们来说，第三方支付也有一些特别的好处，而这项技术对生意有利。

首先，第三方支付减少了设备费用，利用现有设备就可以支付。思科发布的一份报告显示，截至 2014 年，全球已联网移动设备达 74 亿部，智能手机占其中的 88%。考虑到现在世界上的智能手机比人多，很有可能你和你的员工已经拥有了将你的结账过程演变成销售终端的设备。移动支付不仅消除了投资于昂贵的销售终端设备的需求，还可以通过电子邮件或短信向客户提供收据。

其次，移动支付还可以满足那些依赖移动设备的客户的偏好。有报告称，近 80% 年龄在 18 ~ 44 岁的消费者每天会随身携带移动设备 22 小时。在这种人与移动设备相互依赖的情况下，人们习惯于使用手机，很容易接受移动支付融入日常生活。移动支付的普及率不断上升，也是移动支付市场恰逢其时、适应人们喜好的表现。

再次，移动支付有效地提高了商家的生产力，让一切变得更加简单，节省了太多时间。有了移动支付系统，你就不需要写发票以及去清点你的收款账单，有些支付系统甚至可以直接与你的会计系统集成，因此所有的交易都是自动记录的，也省去了很多整理现金的时间，更不用担心收到假币了。

最后，移动支付还可以提高客户忠诚度，让客户再次来消费。比如支付宝平台，每次顾客消费完之后，都可以领取一定的奖励金，这就是第三方支付在客户忠诚度方面进行的奖励计划。统计数据显示，易用性是影响消费者对忠诚度计划感觉的重要的因素之一，如果一个移动支付系统让你摆脱了卡和现金，你的客户会更愿意在这里购物，更不要说还有不定期的奖励了。

因此，移动支付之所以能获得用户，与它方方面面的便利性是绝对分不开的。只有围绕用户展开的互联网金融服务，才能最终赢得用户，这是一个很容易看懂的概念。

附 录

APPENDIX

　　如果有人让你用一句话来总结人生，你会怎么说？可能有的人会说："人的一生无非三天：昨天，今天，明天。"如果有人让你用一张纸来展示人生，你会怎么做？也许有的人会画一条线，用线条表达；有的人会作一个图，用图形表达；有的人会制一张表，用表格表达……

　　是的，这些都可以，方式可以有千百种。总之，一张小小的 A4 纸，足够展示出我们的整个人生。

　　下面是一张以"月"为单位的表格，它将人的寿命假设为 75 岁，算下来，每个人的一生大约是 900 个月，也就是说这张有 900 个月的表格，就囊括了我们的整个人生。我们不妨拿起画笔，一边画一边细细地感受一下吧！

中国平均年龄 75 岁　共 900 个月

1	2	3	4	5	6	7	8	9	10	11	1 岁	13	14	15	16	17	18	19	20	21	22	23	2 岁	25	26	27	28	29	30
31	32	33	34	35	3 岁	37	38	39	40	41	42	43	44	45	46	47	4 岁	49	50	51	52	53	54	55	56	57	58	59	5 岁
61	62	63	64	65	66	67	68	69	70	71	6 岁	73	74	75	76	77	78	79	80	81	82	83	7 岁	85	86	87	88	89	90
91	92	93	94	95	8 岁	97	98	99	100	101	102	103	104	105	106	107	9 岁	109	110	111	112	113	114	115	116	117	118	119	10 岁
121	122	123	124	125	126	127	128	129	130	131	11 岁	133	134	135	136	137	138	139	140	141	142	143	12 岁	145	146	147	148	149	150
151	152	153	154	155	13 岁	157	158	159	160	161	162	163	164	165	166	167	14 岁	169	170	171	172	173	174	175	176	177	178	179	15 岁
181	182	183	184	185	186	187	188	189	190	191	16 岁	193	194	195	196	197	198	199	200	201	202	203	17 岁	205	206	207	208	209	210
211	212	213	214	215	18 岁	217	218	219	220	221	222	223	224	225	226	227	19 岁	229	230	231	232	233	234	235	236	237	238	239	20 岁
241	242	243	244	245	246	247	248	249	250	251	21 岁	253	254	255	256	257	258	259	260	261	262	263	22 岁	265	266	267	268	269	270
271	272	273	274	275	23 岁	277	278	279	280	281	282	283	284	285	286	287	24 岁	289	290	291	292	293	294	295	296	297	298	299	25 岁
301	302	303	304	305	306	307	308	309	310	311	26 岁	313	314	315	316	317	318	319	320	321	322	323	27 岁	325	326	327	328	329	330
331	332	333	334	335	28 岁	337	338	339	340	341	342	343	344	345	346	347	29 岁	349	350	351	352	353	354	355	356	357	358	359	30 岁
361	362	363	364	365	366	367	368	369	370	371	31 岁	373	374	375	376	377	378	379	380	381	382	383	32 岁	385	386	387	388	389	390
391	392	393	394	395	33 岁	397	398	399	400	401	402	403	404	405	406	407	34 岁	409	410	411	412	413	414	415	416	417	418	419	35 岁
421	422	423	424	425	426	427	428	429	430	431	36 岁	433	434	435	436	437	438	439	440	441	442	443	37 岁	445	446	447	448	449	450
451	452	453	454	455	38 岁	457	458	459	460	461	462	463	464	465	466	467	39 岁	469	470	471	472	473	474	475	476	477	478	479	40 岁
481	482	483	484	485	486	487	488	489	490	491	41 岁	493	494	495	496	497	498	499	500	501	502	503	42 岁	505	506	507	508	509	510
511	512	513	514	515	43 岁	517	518	519	520	521	522	523	524	525	526	527	44 岁	529	530	531	532	533	534	535	536	537	538	539	45 岁
541	542	543	544	545	546	547	548	549	550	551	46 岁	553	554	555	556	557	558	559	560	561	562	563	47 岁	565	566	567	568	569	570
571	572	573	574	575	48 岁	577	578	579	580	581	582	583	584	585	586	587	49 岁	589	590	591	592	593	594	595	596	597	598	599	50 岁
601	602	603	604	605	606	607	608	609	610	611	51 岁	613	614	615	616	617	618	619	620	621	622	623	52 岁	625	626	627	628	629	630
631	632	633	634	635	53 岁	637	638	639	640	641	642	643	644	645	646	647	54 岁	649	650	651	652	653	654	655	656	657	658	659	55 岁
661	662	663	664	665	666	667	668	669	670	671	56 岁	673	674	675	676	677	678	679	680	681	682	683	57 岁	685	686	687	688	689	690
691	692	693	694	695	58 岁	697	698	699	700	701	702	703	704	705	706	707	59 岁	709	710	711	712	713	714	715	716	717	718	719	60 岁
721	722	723	724	725	726	727	728	729	730	731	61 岁	733	734	735	736	737	738	739	740	741	742	743	62 岁	745	746	747	748	749	750
751	752	753	754	755	63 岁	757	758	759	760	761	762	763	764	765	766	767	64 岁	769	770	771	772	773	774	775	776	777	778	779	65 岁
781	782	783	784	785	786	787	788	789	790	791	66 岁	793	794	795	796	797	798	799	800	801	802	803	67 岁	805	806	807	808	809	810
811	812	813	814	815	68 岁	817	818	819	820	821	822	823	824	825	826	827	69 岁	829	830	831	832	833	834	835	836	837	838	839	70 岁
841	842	843	844	845	846	847	848	849	850	851	71 岁	853	854	855	856	857	858	859	860	861	862	863	72 岁	865	866	867	868	869	870
871	872	873	874	875	73 岁	877	878	879	880	881	882	883	884	885	886	887	74 岁	889	890	891	892	893	894	895	896	897	898	899	75 岁

首先我们从第一个表格，也就是第一个月开始画起，慢慢地我们的笔尖经过了 1 岁、2 岁、3 岁、4 岁、5 岁……在这慢慢画的过程中你不妨想象着那一时期的自己，以及发生的一些令你印象深刻的事件。比如你多大时开始说话，说的第一句话是什么？你问的第一个问题是什么？何时有了第一只宠物？它离开你时你的感受是怎样的？有没有考过一百分？有没有做过第一名或最后一名？有没有受过体罚？第一次考试不及格是什么时候？什么科目？心情怎样？第一次喜欢上一个异性是什么时候？他 / 她是怎样的一个人？第一次追求别人或者被别人追求是什么时候？第一次正式恋爱是什么时候？第一次失恋是什么时候？结婚是什么时候？生孩子是什么时候？离婚是什么时候？再婚是什么时候？亲人或爱人离去是什么时候？挣第一笔钱是什么时候？第一份工作是什么等等。

　　我们就这样一边想着一边画着，一直画到你现在的年龄为止，然后再整体回看一下你已经走过了多长的路，还余下多长的路，有什么样的遗憾或愿望，余下的人生要怎么过，想怎么过。之后，我们再拿起画笔，从后往前用不同的画笔画出我们与父母此生还能有多少交集，我们真正能陪伴他们的日子还有多久。

　　假如，你的父母现在是 50 岁，你们一个月见一次面，那么，余生你们在一起的时间还有多少？用表格来显示的话是这样的（见下图）：

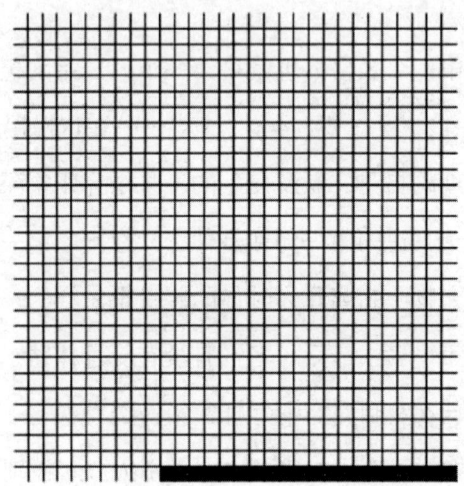

如果你们一年只能见一次面，那么你们余生的交集，将只剩下这小小的一个格子（见下图）。

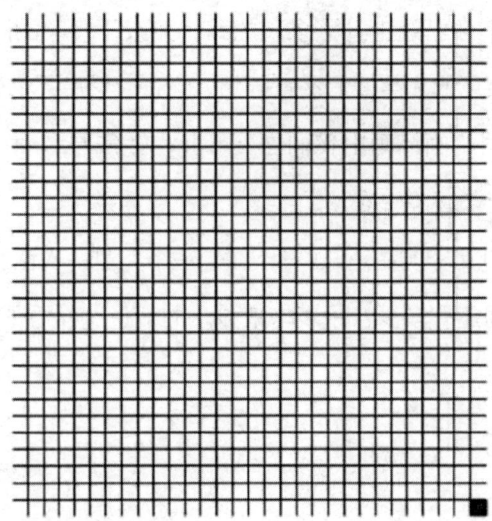

是不是想想就心酸？是不是觉得人生很短暂、时间太有限？一张小小的 A4 表格，就承载完了我们一生的时间和爱。我们还能活多久？还能陪伴家人孩子多久？静下心来思考一下吧，在这个日益忙碌的世界，你的时间是不是需要重新安排、调整、规划，是不是要做好时间管理呢？

好的时间管理可以让你的生活更有意义、生命更有价值、人生更少遗憾。比如，别再总觉得一生很长，还有大把的时间可以和家人在一起，还有大把的时间可以照顾他们了；也别等有一天，当我们跟父母不得不分开时，才觉得时间太短、遗憾太多了……

有人说："人有三样东西是不该挥霍的：身体、金钱和爱，你想挥霍，却得不偿失；人有三样东西是无法挽留的：生命、时间和爱，你想挽留，却渐行渐远。"

人生不长、时间宝贵，愿我们都能好好对待自己的生命，管理好自己的时间，因为时间就是生命，它会一去不复返。唯有珍惜和更好地利用，才能让我们的人生少些遗憾，多些圆满。

刘志则

2018 年 11 月 5 日

编　委　会

（排名不分先后，以下人员均为博文书友会社群合伙人）

北京超然之家家具建材有限公司董事长、脑立方北京海淀分中心总经理　陈超再

北京龙方圆文化发展有限公司董事长、北京大学总裁培训班国学项目负责人焦宏亮

广州奔兆生物科技有限公司执行董事、仁和小绿瓶总裁　倪晓丽

中国天津尚赫保健用品有限公司（北京分公司）总经理　易　滢

博文社群裂变合伙人　刘　凡

山西海沙企业管理咨询有限公司总经理　高文汇

沈阳中街国珍健康生活馆馆长　史学军

紫禁城医药集团　赵光耀

北师大二附中国际部　杜丽华

北京益言文化传媒有限公司总经理　杜仲钰

博文社群裂变合伙人　于淑伟

159 素食全餐代理商　孙　霞

北京耐威联合文化发展有限公司总经理　陈　瑜

瑞美国际医疗美容总经理　张熙桐

长春市宝图腾自控系统有限公司经理　李天春

博文社群裂变合伙人　王文芳

鹰眼创世北京网络科技有限公司发起人　王　淼

吉林省长源木业有限公司总经理、鸿顺建筑租赁公司总经理、长春市万汇实业有限公司总经理　王文春

康乐多幼儿园园长、威希科美高科技美容体验馆盘锦发起人、康乐多卓越父母家长学校校长　杨文霞

中信建投证券股份有限公司北京虎坊路证券营业部经理　刘洁华

吉林省恩祺商贸有限公司总经理　张凯祺

中国小飞机俱乐部　陈思宇

北京林楠投资有限公司投融部经理　涂祖胜

牛氏九易公司文艺部长　耿丞焴琳

北京易宏置地房地产经纪有限公司　向　来

北京华融盛贸国际科技有限公司创始股东 CEO　郝　月

姆米又国际控股集团联合创始人、北京盛仁蓬勃公共关系有限公司总经理、企业绩效管理高级培训师、多家美妆企业联席顾问、国际美博会特邀嘉宾、彩妆代言人　桓慧芳

中国古诗词文化传承者、创新者，中国书画艺术爱好者、资深经纪人，古根博格家族核心成员，北京古根王酒业有限公司股东　明易桉樾

人类少食健康工程"发起人""123 生命工程"俱乐部创始人，北京大管家健康科技发展有限公司创办人　盛紫玟

金融理财师、家庭教育指导师、国家二级心理咨询师、皮纹分析咨询师、北京鼎硕炜业投资管理有限公司高级投资理财顾问、北京天下安道教育科技有限公司副总经理　钟永恒

北京福玺缘珠宝文化发展有限公司　伍兴隆

北京喜帮科技总经理　刘泊霆

幸福女人健康咨询管理有限公司　王海樾

北京杨格智控科技有限公司　关清礼

灵触疗愈师　张智莉

北京世纪飞扬教育咨询中心有限公司　胡海艳

北京助众传媒文化发展有限公司　柯建梅，字钰均

北京星星世家商贸有限公司　陈红炜

北京世纪海棠科贸有限公司　刘　莎

博文社群裂变合伙人　王淑秀

中视广经　潘　辉

第一夫人世交平台创始人　白　杨

心灵成长导师　李　刚

茉莉咖啡总经理　尹利萍

金桥国际合伙人、资本顾问、博文社群裂变合伙人　金　婷